초등필수 영단어 쓰기

교육부 지정 초등 필수 영단어 쓰기

지은이 초등교재개발연구소
펴낸이 임상진
펴낸곳 (주)넥서스

초판 1쇄 발행 2016년 2월 5일
초판 10쇄 발행 2024년 5월 1일

출판신고 1992년 4월 3일 제311-2002-2호
10880 경기도 파주시 지목로 5
Tel (02)330-5500 Fax (02)330-5555

ISBN 979-11-5752-662-8 63740

www.nexusbook.com
넥서스Friends는 넥서스의 유 · 초등 영어 전문 브랜드입니다.

Color & Shape

교육부 지정

초등필수 영단어 쓰기

쓰기노트 제공

추가 문제도 드려요!

Nature

Amusement park

✏ 주제에 꼭 맞는 그림과 문제로
800개가 넘는 초등 필수 어휘 학습!

따라쓰는 쓰기노트가 있어요!

넥서스Friends

목차

House

Kitchen

별책부록 쓰기노트 & 추가 문제 (www.nexusbook.com)

Amusement park

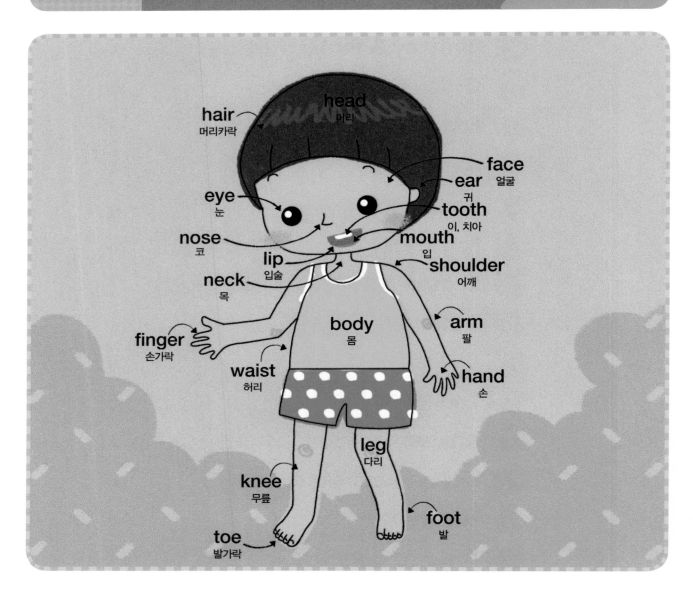

- hair 머리카락
- head 머리
- face 얼굴
- ear 귀
- eye 눈
- tooth 이, 치아
- nose 코
- mouth 입
- lip 입술
- shoulder 어깨
- neck 목
- body 몸
- finger 손가락
- arm 팔
- waist 허리
- hand 손
- leg 다리
- knee 무릎
- foot 발
- toe 발가락

body
신체, 몸

body

head
머리

head

hair 머리카락	hair
face 얼굴	face
eye 눈	eye
ear 귀	ear
nose 코	nose
mouth 입	mouth
lip 입술	lip
tooth 이, 치아 (복수형 teeth)	tooth
neck 목	neck

shoulder
어깨

shoulder

arm
팔

arm

finger
손가락

finger

hand
손

hand

waist
허리

waist

leg
다리

leg

knee
무릎

knee

foot
발 (복수형 feet)

foot

toe
발가락

toe

A 사진과 일치하는 단어에 O표 하세요.

(hair)
body
knee

knee
arm
lip

neck
hand
leg

waist
tooth
mouth

B 주어진 사진의 단어를 쓰고 첫 알파벳을 찾아 색칠해 보세요. 어떤 알파벳이 보이나요?

finger

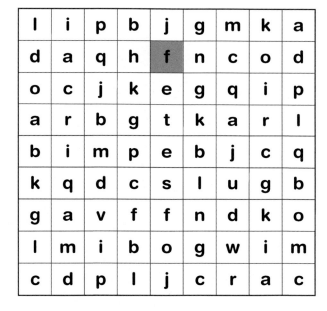

l	i	p	b	j	g	m	k	a
d	a	q	h	f	n	c	o	d
o	c	j	k	e	g	q	i	p
a	r	b	g	t	k	a	r	l
b	i	m	p	e	b	j	c	q
k	q	d	c	s	l	u	g	b
g	a	v	f	f	n	d	k	o
l	m	i	b	o	g	w	i	m
c	d	p	l	j	c	r	a	c

_____

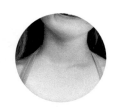

_____

_____

_____

_____

_____

_____

_____

_____

_____

House 집

roof 지붕	
out 밖에	plant 식물
house 집	door 문
close 닫다	grow 기르다
flower 꽃	knock 두드리다
window 창문	live 살다
that 저것	stairs 계단
garden 뜰	cat 고양이
this 이것	dog 개
I 나	you 너
touch 만지다	

house
집

house

door
문

door

roof
지붕

roof

window
창문

window

garden
뜰, 정원 (=yard)

garden

stairs
계단

stairs

flower
꽃

flower

plant
식물

plant

grow
기르다, 자라다

grow

cat
고양이
(새끼 고양이 kitten)

cat

dog
개

dog

| **knock** | knock |
| 두드리다, 노크하다 | |

| **close** | close |
| 닫다 (↔open 열다) | |

| **out** | out |
| 밖에, 밖으로 | |

| **live** | live |
| 살다 | |

| **touch** | touch |
| 만지다, 건드리다 | |

| **I** | I |
| 나 | |

| **you** | you |
| 너, 너희들 | |

| **this** | this |
| 이것, 이 | |

| **that** | that |
| 저것, 저 | |

A 사진과 일치하는 단어에 O표 하세요.

out
this
you

that
I
you

knock
stairs
plant

grow
live
touch

B 주어진 사진의 단어를 쓰고 첫 알파벳을 찾아 색칠해 보세요. 어떤 알파벳이 보이나요?

_____

_____

n	a	k	q	t	o	m	i	e
v	i	x	l	a	b	u	n	k
e	z	b	y	g	v	j	y	q
t	m	e	f	i	c	l	a	x
k	i	q	d	r	w	z	u	o
u	a	j	h	e	d	n	k	e
l	x	o	p	m	s	y	i	t
y	t	z	k	u	a	q	v	l
b	n	i	e	o	x	j	m	b

_____

_____

_____

_____

_____

_____

_____

_____

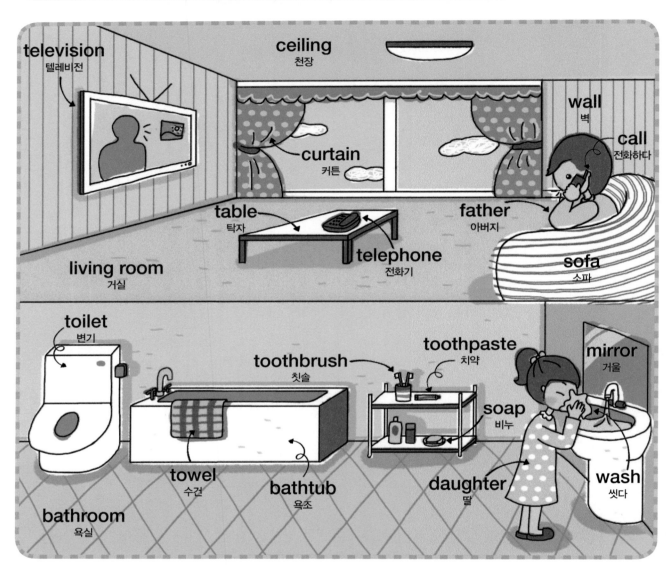

- television 텔레비전
- ceiling 천장
- wall 벽
- call 전화하다
- curtain 커튼
- table 탁자
- telephone 전화기
- father 아버지
- living room 거실
- sofa 소파
- toilet 변기
- toothbrush 칫솔
- toothpaste 치약
- mirror 거울
- soap 비누
- towel 수건
- bathtub 욕조
- daughter 딸
- wash 씻다
- bathroom 욕실

living room living room
거실

television television
텔레비전

telephone
전화기 (=phone)

telephone

call
전화하다

call

ceiling
천장

ceiling

wall
벽

wall

sofa
소파 (=couch)

sofa

table
탁자, 테이블

table

curtain
커튼

curtain

father
아버지
(=dad, daddy)

father

bathroom
욕실

bathroom

daughter daughter
딸

toilet toilet
변기

bathtub bathtub
욕조

soap soap
비누

toothpaste toothpaste
치약

toothbrush toothbrush
칫솔

mirror mirror
거울

towel towel
수건, 타월

wash wash
씻다

A 사진과 일치하는 단어에 O표 하세요.

mirror
wash
bathtub

call
father
daughter

toilet
sofa
soap

wall
towel
table

B 주어진 사진의 단어를 쓰고 첫 알파벳을 찾아 색칠해 보세요. 어떤 알파벳이 보이나요?

a	k	i	e	o	f	r	g	l
o	j	t	m	a	q	s	k	b
i	p	b	c	h	t	u	i	n
y	f	n	l	d	j	h	o	e
e	j	h	g	t	p	k	a	m
r	m	k	w	f	c	l	q	g
l	x	t	o	i	b	t	j	p
n	i	q	a	r	g	v	h	f
b	h	p	j	m	l	e	n	k

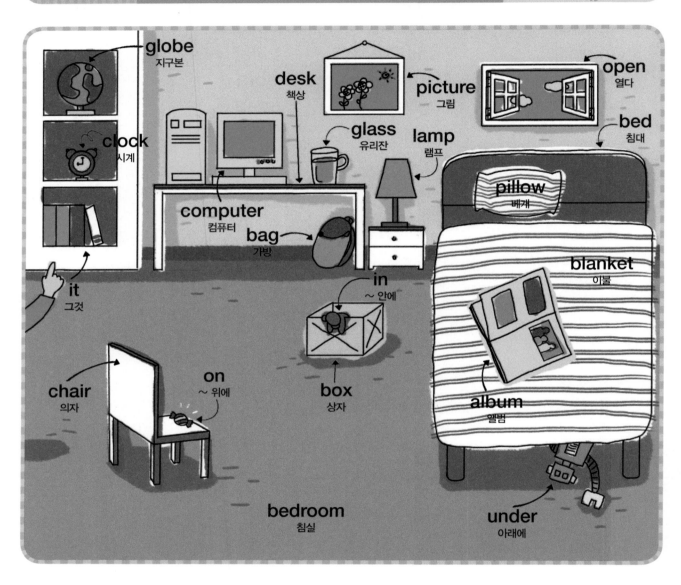

globe 지구본

clock 시계

it 그것

computer 컴퓨터

desk 책상

glass 유리잔

bag 가방

lamp 램프

picture 그림

open 열다

bed 침대

pillow 베개

blanket 이불

album 앨범

in ~ 안에

box 상자

on ~ 위에

chair 의자

bedroom 침실

under 아래에

bedroom
침실

bedroom

bed
침대

bed

pillow 베개	pillow
blanket 이불, 담요	blanket
desk 책상	desk
chair 의자	chair
bag 가방	bag
clock 시계	clock
album 앨범, 사진첩	album
box 상자	box
computer 컴퓨터	computer

lamp
램프, 등

lamp

globe
지구본

globe

picture
그림

picture

glass
유리잔

glass

on
~ 위에

on

under
아래에, 밑에

under

open
열다 (↔close 닫다)

open

in
~ 안에

in

it
그것

it

사진과 일치하는 단어에 O표 하세요.

box
bag
bed

pillow
picture
lamp

globe
computer
glass

desk
box
bed

B 주어진 사진의 단어를 쓰고 첫 알파벳을 찾아 색칠해 보세요. 어떤 알파벳이 보이나요?

e	f	m	i	t	r	j	v	w
s	w	v	n	e	q	u	h	s
k	u	h	y	b	c	f	w	i
w	q	j	d	w	k	l	m	u
i	v	r	o	m	t	p	k	e
m	k	e	g	f	e	b	j	n
t	s	n	y	a	c	i	r	f
f	r	u	h	z	e	t	w	q
q	j	w	v	k	n	m	s	h

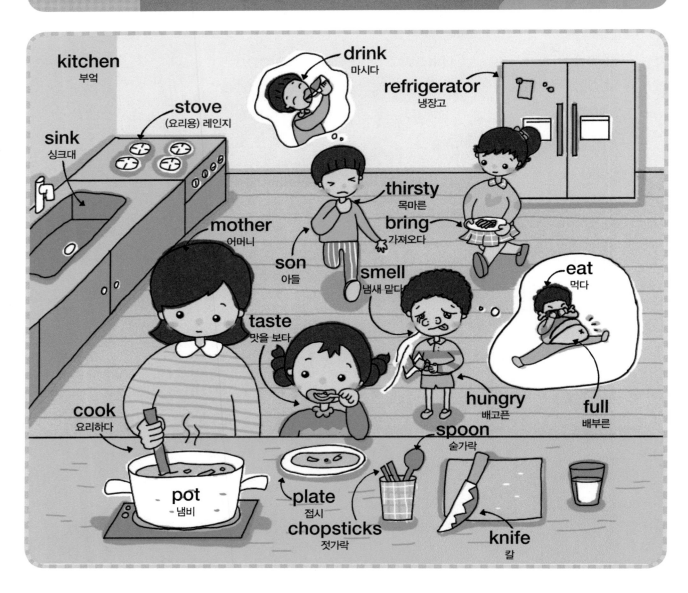

kitchen 부엌
stove (요리용) 레인지
sink 싱크대
drink 마시다
refrigerator 냉장고
thirsty 목마른
bring 가져오다
mother 어머니
son 아들
smell 냄새 맡다
eat 먹다
taste 맛을 보다
cook 요리하다
hungry 배고픈
full 배부른
spoon 숟가락
pot 냄비
plate 접시
chopsticks 젓가락
knife 칼

kitchen
kitchen
부엌

cook
cook
요리하다

knife
칼 (복수형 knives)

knife

spoon
숟가락

spoon

chopsticks
젓가락

chopsticks

plate
접시 (=dish)

plate

pot
냄비

pot

mother
어머니
(=mom, mommy)

mother

stove
(요리용) 레인지, 난로

stove

refrigerator
냉장고 (=fridge)

refrigerator

sink
싱크대

sink

son 아들	son
bring 가져오다	bring
taste 맛을 보다	taste
smell 냄새 맡다, 냄새	smell
eat 먹다	eat
drink 마시다	drink
thirsty 목마른	thirsty
hungry 배고픈	hungry
full 배부른	full

A 사진과 일치하는 단어에 O표 하세요.

drink
eat
bring

pot
stove
sink

taste
smell
cook

plate
spoon
pot

B 주어진 사진의 단어를 쓰고 첫 알파벳을 찾아 색칠해 보세요. 어떤 알파벳이 보이나요?

_____

u	g	q	e	l	f	t	a	b
b	t	n	i	j	w	h	n	u
f	a	h	v	c	d	z	o	g
o	l	y	k	a	j	s	i	q
j	z	e	s	z	g	l	b	x
x	h	v	p	n	f	y	v	e
g	n	q	m	i	u	k	t	w
t	w	b	o	s	r	g	n	h
i	f	l	h	x	e	q	a	j

_____

_____

_____

_____

_____

_____

_____

_____

_____

_____

Family photo
가족사진

family	가족
she	그녀
aunt	고모
cousin	사촌
parents	부모
he	그
uncle	삼촌
glasses	안경
niece	(여자) 조카
baby	아기
sister	누나
smile	미소 짓다
doll	인형
nephew	(남자) 조카
grandmother	할머니
grandfather	할아버지
robot	로봇
brother	형
grass	잔디
photo	사진

family
가족

family

photo
사진

photo

grandfather
할아버지

grandfather

grandmother
할머니

grandmother

parents
부모

parents

brother
형, 오빠, 남동생

brother

sister
누나, 언니, 여동생

sister

uncle
삼촌

uncle

aunt
고모, 이모

aunt

cousin
사촌

cousin

baby
아기

baby

nephew (남자) 조카	nephew
niece (여자) 조카	niece
robot 로봇	robot
doll 인형	doll
glasses 안경	glasses
she 그녀	she
he 그	he
grass 잔디, 풀	grass
smile 미소 짓다	smile

A 사진과 일치하는 단어에 O표 하세요.

family
brother
grandfather

baby
parents
smile

aunt
uncle
sister

grandmother
sister
nephew

B 주어진 사진의 단어를 쓰고 첫 알파벳을 찾아 색칠해 보세요. 어떤 알파벳이 보이나요?

_____

_____

_____

h	o	j	t	h	m	q	k	n
v	l	s	g	p	g	w	i	c
n	e	k	h	f	u	a	z	m
i	q	l	v	d	e	y	h	s
t	m	a	o	g	x	j	t	l
u	h	y	c	p	t	k	n	e
k	j	g	w	r	h	i	o	w
q	o	s	b	k	m	u	a	j
c	n	i	t	e	v	l	q	h

_____

_____

_____

_____

_____

_____

_____

sweater 스웨터	**coat** 코트	
vest 조끼	**jacket** 재킷	**shirt** 셔츠 **blouse** 블라우스
dress 원피스	**skirt** 치마	**cap** 모자 **belt** 벨트 **necklace** 목걸이
pants 바지	**jeans** 청바지	**shoes** 신발 **sneakers** 운동화

size (옷 등의) 치수

wear 입다

clothes 옷

closet 옷장

socks 양말

closet
옷장

closet

clothes
옷, 의복

clothes

cap 모자	cap
coat 코트, 외투	coat
jacket 재킷	jacket
shirt 셔츠, 와이셔츠	shirt
blouse 블라우스	blouse
sweater 스웨터	sweater
vest 조끼	vest
belt 벨트	belt
pants 바지 (shorts 반바지)	pants

dress 원피스	dress
skirt 치마	skirt
jeans 청바지	jeans
socks 양말	socks
shoes 신발	shoes
sneakers 운동화, 스니커즈	sneakers
necklace 목걸이	necklace
size (옷 등의) 치수, 크기	size
wear 입다	wear

사진과 일치하는 단어에 O표 하세요.

sneakers
socks
skirt

jacket
coat
clothes

dress
shirt
sweater

shoes
belt
jeans

B 주어진 사진의 단어를 쓰고 첫 알파벳을 찾아 색칠해 보세요. 어떤 알파벳이 보이나요?

g	e	q	t	l	f	i	h	r
i	w	k	a	u	o	g	y	e
o	f	n	s	p	x	m	k	u
m	r	y	j	l	s	w	a	n
u	h	g	d	f	j	h	y	f
k	x	o	v	c	r	t	g	x
e	q	i	b	n	a	z	l	q
t	a	w	s	q	u	i	w	h
n	l	r	f	t	m	e	o	k

Day 하루

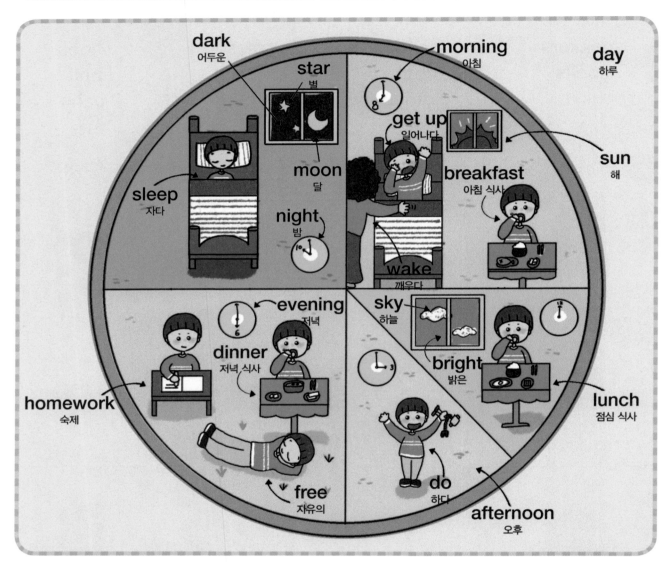

day 하루

dark 어두운

star 별

moon 달

sleep 자다

night 밤

morning 아침

get up 일어나다

breakfast 아침 식사

wake 깨우다

sun 해

evening 저녁

dinner 저녁 식사

homework 숙제

free 자유의

sky 하늘

bright 밝은

do 하다

afternoon 오후

lunch 점심 식사

day
하루, 날, 낮

day

sun
해

sun

sky
하늘

sky

morning
아침, 오전

morning

wake
깨우다

wake

get up
일어나다

get up

breakfast
아침 식사

breakfast

afternoon
오후

afternoon

lunch
점심 식사

lunch

homework
숙제

homework

bright
밝은

bright

evening
저녁

evening

dinner
저녁 식사

dinner

free
자유의

free

do
하다

do

night
밤

night

sleep
자다

sleep

star
별

star

moon
달

moon

dark
어두운

dark

A 사진과 일치하는 단어에 O표 하세요.

afternoon
morning
night

evening
wake
homework

lunch
breakfast
afternoon

dark
bright
day

B 주어진 사진의 단어를 쓰고 첫 알파벳을 찾아 색칠해 보세요. 어떤 알파벳이 보이나요?

_____

_____

_____

k	v	o	i	t	c	u	f	n
u	f	x	q	a	y	p	j	r
p	t	j	w	n	e	t	o	q
e	o	z	l	k	r	s	p	i
r	i	c	s	m	d	g	u	c
q	n	v	h	i	c	b	k	n
j	a	f	s	t	n	s	a	r
t	k	y	o	p	w	f	v	e
i	r	e	u	a	q	j	o	p

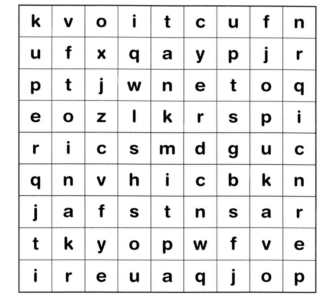

_____

_____

_____

_____

_____

_____

_____

school
학교

school

elementary
초등의, 초보의

elementary

playground
운동장, 놀이터

playground

teacher
선생님

teacher

student
학생

student

boy
소년

boy

girl
소녀

girl

friend
친구

friend

let
시키다, ~하게 하다

let

move
움직이다, 옮기다

move

dirty
더러운

dirty

clean 깨끗한	clean
early 이른, 일찍	early
late 늦은, 늦게	late
before ~ 전에	before
after ~ 후에	after
smart 똑똑한	smart
understand 이해하다	understand
speak 말하다	speak
test 시험	test

A 사진과 일치하는 단어에 O표 하세요.

student
girl
teacher

clean
dirty
early

boy
girl
test

speak
student
teacher

B 주어진 사진의 단어를 쓰고 첫 알파벳을 찾아 색칠해 보세요. 어떤 알파벳이 보이나요?

_____

_____

q	b	d	r	k	h	a	n	i
j	a	n	e	v	q	j	e	o
e	k	i	s	m	b	d	h	v
d	o	h	t	a	g	i	k	r
n	r	e	p	k	f	w	j	a
b	i	v	s	c	z	e	b	u
u	e	q	l	x	s	h	y	d
a	h	w	b	i	n	o	e	v
j	o	d	r	u	a	k	q	i

_____

_____

_____

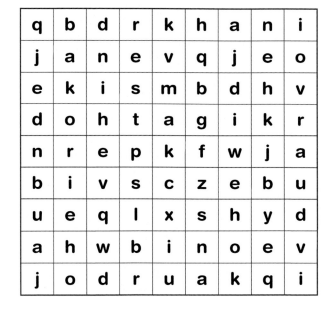

_____

_____

_____

_____

_____

41

Classroom 교실

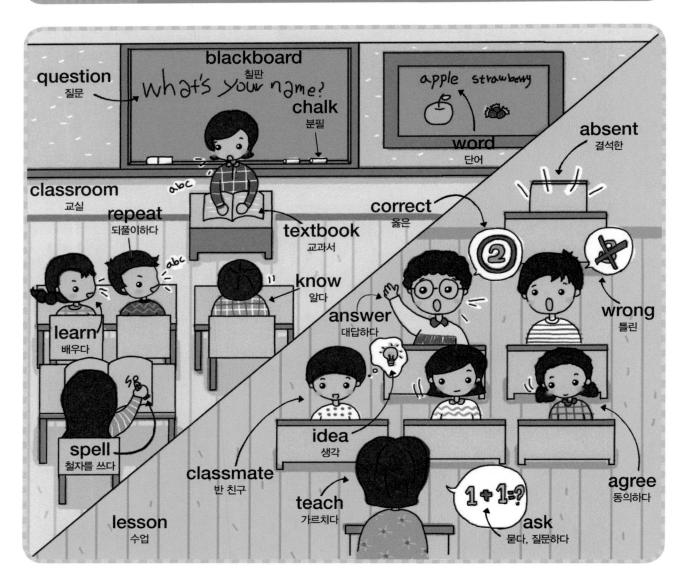

question 질문

blackboard 칠판
what's your name?

chalk 분필

apple strawberry
word 단어

classroom 교실

repeat 되풀이하다

textbook 교과서

know 알다

correct 옳은

absent 결석한

learn 배우다

answer 대답하다

②

wrong 틀린

spell 철자를 쓰다

idea 생각

classmate 반 친구

teach 가르치다

1+1=?

ask 묻다, 질문하다

agree 동의하다

lesson 수업

classroom
교실

classroom

classmate
반 친구, 급우

classmate

teach 가르치다	teach
learn 배우다, 학습하다	learn
blackboard 칠판	blackboard
chalk 분필	chalk
textbook 교과서	textbook
ask 묻다, 질문하다	ask
question 질문, 문제	question
wrong 틀린, 잘못된	wrong
correct 옳은	correct

know 알다	know
answer 대답하다	answer
repeat 되풀이하다, 반복하다	repeat
word 단어	word
lesson 수업	lesson
absent 결석한	absent
idea 생각	idea
spell 철자를 쓰다	spell
agree 동의하다	agree

사진과 일치하는 단어에 O표 하세요.

correct
wrong
absent

classmate
blackboard
question

ask
spell
repeat

lesson
answer
know

B 주어진 사진의 단어를 쓰고 첫 알파벳을 찾아 색칠해 보세요. 어떤 알파벳이 보이나요?

_____

_____

p	l	j	d	n	q	h	t	m
o	r	t	p	e	g	c	r	j
h	m	f	i	k	w	o	e	q
d	v	k	s	c	m	u	s	d
u	g	y	p	a	n	j	g	v
f	r	j	z	b	r	s	p	m
n	e	x	o	c	k	o	y	f
p	u	h	v	d	x	q	h	u
k	q	s	f	g	e	m	r	n

_____

_____

_____

_____

_____

_____

_____

_____

need 필요로 하다

get 얻다, 받다

give 주다

name 이름

pencil 연필

pencil case 필통

borrow 빌리다

glue 풀

eraser 지우개

pick 고르다, 선택하다

take 가지고 가다

cutter 칼

ruler 자

study 공부하다

pen 볼펜

hard 딱딱한, 단단한

notebook 공책

soft 부드러운

break 부수다, 깨뜨리다

dictionary 사전

---

pencil case
필통

pencil case

eraser
지우개

eraser

glue
풀

glue

pencil
연필

pencil

ruler
자

ruler

cutter
칼

cutter

pen
볼펜

pen

notebook
공책

notebook

dictionary
사전

dictionary

name
이름

name

borrow
빌리다

borrow

study 공부하다	study
pick 고르다, 선택하다	pick
break 부수다, 깨뜨리다	break
hard 딱딱한, 단단한	hard
soft 부드러운	soft
give 주다	give
take 가지고 가다	take
get 얻다, 받다	get
need 필요로 하다	need

사진과 일치하는 단어에 O표 하세요.

break
pick
borrow

pencil
cutter
pen

ruler
eraser
glue

get
give
need

B 주어진 사진의 단어를 쓰고 첫 알파벳을 찾아 색칠해 보세요. 어떤 알파벳이 보이나요?

_____

_____

k	j	v	o	k	m	f	j	q
t	q	f	m	a	k	o	v	j
l	i	u	y	r	x	t	a	f
v	k	o	e	g	p	d	z	k
f	q	k	a	z	s	u	i	w
j	m	x	f	n	k	j	o	m
w	z	l	p	b	g	c	t	f
q	r	i	o	f	q	x	l	y
i	y	m	t	i	z	a	k	u

_____

_____

_____

_____

_____

_____

_____

Schedule 시간표

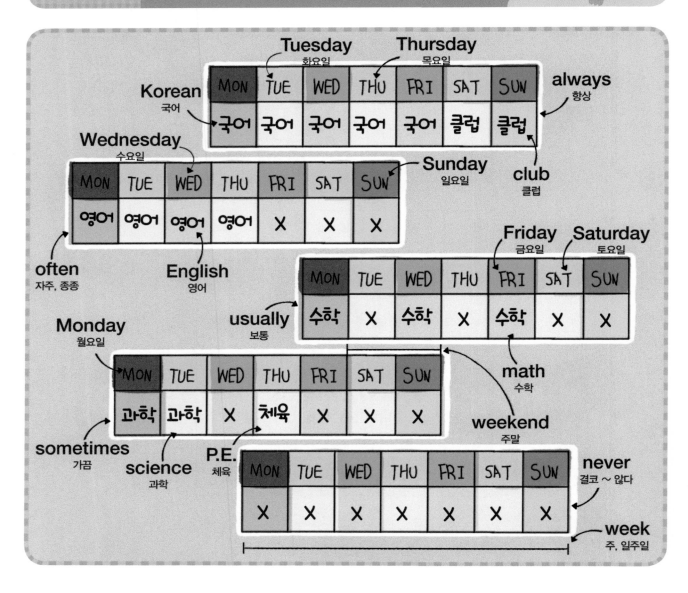

Monday	Monday
월요일	

Tuesday	Tuesday
화요일	

Wednesday
수요일

Wednesday

Thursday
목요일

Thursday

Friday
금요일

Friday

Saturday
토요일

Saturday

Sunday
일요일

Sunday

week
주, 일주일

week

weekend
주말

weekend

always
항상

always

often
자주, 종종

often

usually
보통, 대개

usually

sometimes
가끔, 때때로

sometimes

never
결코 ~ 않다

never

English
영어

English

Korean
국어

Korean

P.E.
체육
(=physical education)

P.E.

science
과학

science

math
수학
(=mathematics)

math

club
클럽, 동아리

club

Saturday
Friday
Thursday

never
week
weekend

often
never
always

Monday
Sunday
Tuesday

B 주어진 사진의 단어를 쓰고 첫 알파벳을 찾아 색칠해 보세요. 어떤 알파벳이 보이나요?

_____

_____

_____

i	b	t	r	j	l	f	q	h
g	u	w	v	o	d	k	a	u
l	f	s	c	y	i	g	j	r
d	k	m	f	h	q	o	x	b
b	c	n	a	v	b	z	f	y
j	o	e	x	j	u	l	c	k
q	h	p	m	w	t	r	v	i
a	g	c	i	f	k	q	g	d
i	l	r	b	d	o	a	h	j

_____

_____

_____

_____

_____

_____

Music & Art
음악과 미술

music
음악

art
미술

sing
노래하다

song
노래

piano
피아노

strange
이상한

example
예

show
보여 주다

make
만들다

crayon
크레용

use
사용하다

listen
듣다

dance
춤추다

cut
자르다

paper
종이

new
새로운

paint
칠하다

scissors
가위

draw
그리다

drop
떨어뜨리다

music
음악

music

piano
피아노

piano

sing 노래하다	sing
listen 듣다	listen
dance 춤추다	dance
song 노래	song
strange 이상한	strange
art 미술	art
example 예, 보기	example
show 보여 주다	show
cut 자르다	cut

make
만들다

make

draw
그리다

draw

paint
칠하다

paint

use
사용하다

use

drop
떨어뜨리다

drop

scissors
가위

scissors

crayon
크레용

crayon

paper
종이

paper

new
새로운

new

사진과 일치하는 단어에 O표 하세요.

make
drop
cut

piano
paper
example

paint
make
use

art
music
show

B 주어진 사진의 단어를 쓰고 첫 알파벳을 찾아 색칠해 보세요. 어떤 알파벳이 보이나요?

o	k	n	a	f	u	j	y	h
b	t	g	i	r	e	q	t	o
x	h	m	z	o	c	w	b	f
f	q	p	d	b	l	n	i	a
r	a	s	g	d	p	f	e	u
j	o	c	k	y	s	h	j	r
e	n	u	f	r	t	q	g	k
t	g	h	i	z	a	w	o	x
k	w	b	q	n	x	e	u	i

_____

_____

_____

_____

_____

_____

_____

_____

_____

Colors & Shapes
색과 모양

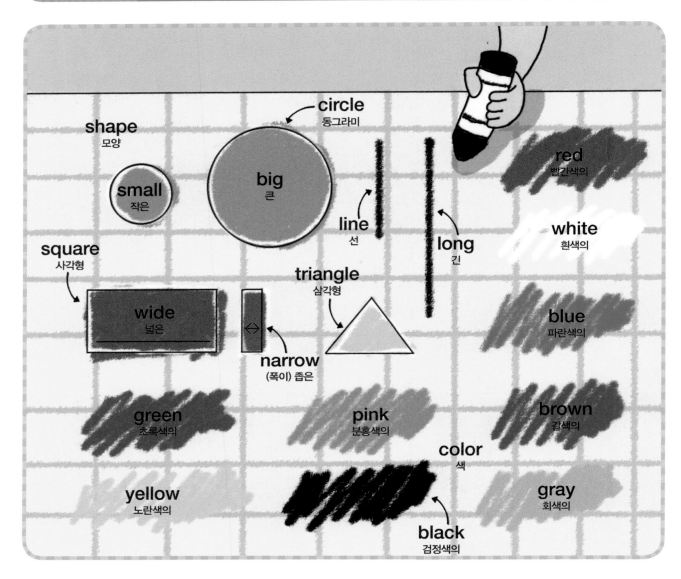

shape 모양

small 작은

circle 동그라미

big 큰

line 선

long 긴

red 빨간색의

white 흰색의

square 사각형

wide 넓은

narrow (폭이) 좁은

triangle 삼각형

blue 파란색의

green 초록색의

pink 분홍색의

brown 갈색의

color 색

yellow 노란색의

black 검정색의

gray 회색의

color	color
색	

black	black
검정색의, 검정	

white
흰색의, 하양

white

red
빨간색의, 빨강

red

blue
파란색의, 파랑

blue

brown
갈색의, 갈색

brown

gray
회색의, 회색

gray

green
초록색의, 초록

green

pink
분홍색의, 분홍

pink

yellow
노란색의, 노랑

yellow

shape
모양, 형태

shape

small
작은

small

big
큰 (=large)

big

wide
넓은

wide

narrow
(폭이) 좁은

narrow

circle
동그라미

circle

triangle
삼각형

triangle

square
사각형

square

line
선, 줄

line

long
긴

long

사진과 일치하는 단어에 O표 하세요.

triangle
circle
square

shape
color
narrow

circle
square
pink

line
color
circle

B 주어진 사진의 단어를 쓰고 첫 알파벳을 찾아 색칠해 보세요. 어떤 알파벳이 보이나요?

_____

_____

m	h	k	o	d	f	n	a	k
e	s	a	i	v	m	e	s	h
o	j	n	g	p	l	x	i	u
d	u	f	r	d	j	s	q	m
q	i	x	w	b	y	n	f	d
k	z	e	b	a	m	e	j	x
v	a	i	c	h	z	i	q	o
m	e	o	g	u	s	m	k	a
f	s	h	q	j	d	v	e	n

_____

_____

_____

_____

_____

_____

_____

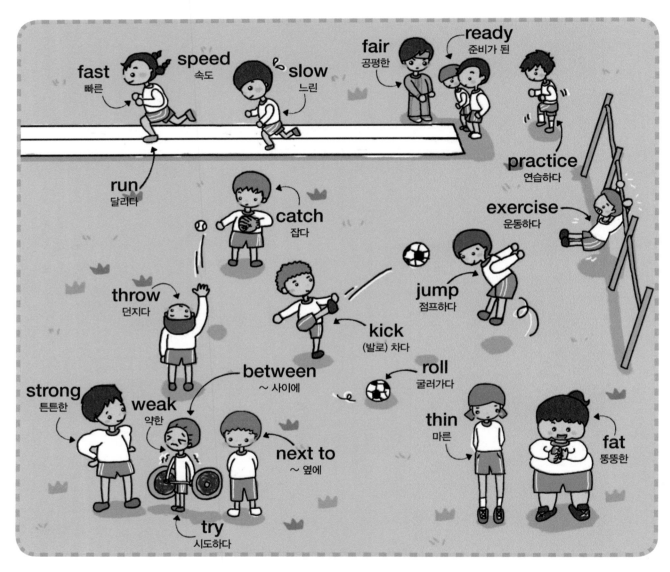

fast 빠른

speed 속도

slow 느린

fair 공평한

ready 준비가 된

practice 연습하다

run 달리다

catch 잡다

exercise 운동하다

throw 던지다

jump 점프하다

kick (발로) 차다

roll 굴러가다

strong 튼튼한

weak 약한

between ~ 사이에

next to ~ 옆에

thin 마른

fat 뚱뚱한

try 시도하다

exercise
exercise

운동하다, 운동

practice
practice

연습하다, 연습

run 달리다	run
speed 속도	speed
throw 던지다	throw
catch 잡다	catch
jump 점프하다	jump
kick (발로) 차다	kick
roll 구르다, 굴러가다	roll
ready 준비가 된	ready
try 시도하다, 노력하다	try

strong
튼튼한, 힘이 센

strong

weak
약한, 허약한

weak

fat
뚱뚱한

fat

thin
마른

thin

slow
느린

slow

fast
빠른

fast

fair
공평한, 공정한

fair

next to
~ 옆에

next to

between
~ 사이에

between

A 사진과 일치하는 단어에 O표 하세요.

strong
fat
thin

between
next to
fair

fast
slow
strong

ready
run
throw

B 주어진 사진의 단어를 쓰고 첫 알파벳을 찾아 색칠해 보세요. 어떤 알파벳이 보이나요?

_____

_____

_____

l	v	g	a	p	b	h	x	a
q	o	n	l	d	m	i	g	p
a	x	b	z	f	w	q	u	n
b	h	y	r	m	o	y	d	a
i	z	l	e	x	s	c	b	v
u	a	d	t	h	q	j	p	l
g	o	b	v	k	f	g	i	d
p	a	q	m	u	d	x	n	h
n	y	i	b	l	a	o	a	m

_____

_____

_____

_____

_____

_____

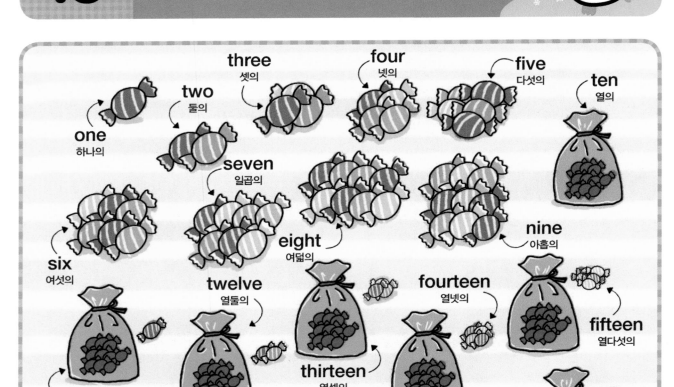

one 하나의
two 둘의
three 셋의
four 넷의
five 다섯의
six 여섯의
seven 일곱의
eight 여덟의
nine 아홉의
ten 열의
eleven 열하나의
twelve 열둘의
thirteen 열셋의
fourteen 열넷의
fifteen 열다섯의
sixteen 열여섯의
seventeen 열일곱의
eighteen 열여덟의
nineteen 열아홉의
twenty 스물의

one
1, 하나의

one

two
2, 둘의

two

three
3, 셋의

three

four
4, 넷의

four

five
5, 다섯의

five

six
6, 여섯의

six

seven
7, 일곱의

seven

eight
8, 여덟의

eight

nine
9, 아홉의

nine

ten
10, 열의

ten

eleven
11, 열하나의

eleven

twelve
12, 열둘의

twelve

thirteen
13, 열셋의

thirteen

fourteen
14, 열넷의

fourteen

fifteen
15, 열다섯의

fifteen

sixteen
16, 열여섯의

sixteen

seventeen
17, 열일곱의

seventeen

eighteen
18, 열여덟의

eighteen

nineteen
19, 열아홉의

nineteen

twenty
20, 스물의

twenty

six
two
four

six
five
seven

fourteen
thirteen
twelve

ten
nine
eight

B 주어진 사진의 단어를 쓰고 첫 알파벳을 찾아 색칠해 보세요. 어떤 알파벳이 보이나요?

_____

_____

_____

p	c	h	j	g	l	a	i	g
i	r	k	i	q	b	p	c	m
l	b	m	a	w	d	j	v	h
v	h	y	t	s	f	t	f	q
c	u	d	p	h	o	k	u	a
q	a	r	j	x	e	b	g	l
g	k	z	b	l	t	m	p	c
h	j	d	q	i	n	h	a	r
b	p	c	m	w	f	d	k	i

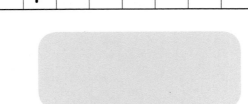

_____

_____

_____

_____

_____

_____

Playground
놀이터

behind ~뒤에

talk 말하다

group 무리

kid 아이

swing 그네

bench 벤치

front 앞

play 경기하다

slide 미끄럼틀

down 아래로

light 가벼운

hide 숨다

good 착한

heavy 무거운

up 위로

push 밀다

find 발견하다

bad 나쁜

pull 당기다

fall 넘어지다

hide	hide
숨다	

find	find
발견하다	

swing 그네	swing
slide 미끄럼틀	slide
play 경기하다, 놀다	play
pull 당기다	pull
push 밀다	push
heavy 무거운	heavy
light 가벼운	light
up 위로	up
down 아래로	down

| **fall** | fall |
| 넘어지다 | |

| **kid** | kid |
| 아이 | |

| **group** | group |
| 무리, 그룹 | |

| **good** | good |
| 착한 | |

| **bad** | bad |
| 나쁜 | |

| **bench** | bench |
| 벤치, 긴 의자 | |

| **talk** | talk |
| 말하다 | |

| **behind** | behind |
| ~뒤에 | |

| **front** | front |
| 앞 | |

사진과 일치하는 단어에 O표 하세요.

pull
fall
push

swing
heavy
light

find
talk
hide

front
behind
down

B 주어진 사진의 단어를 쓰고 첫 알파벳을 찾아 색칠해 보세요. 어떤 알파벳이 보이나요?

g	o	h	d	q	c	i	r	e
v	j	x	a	w	n	r	d	j
n	c	u	i	g	s	o	v	a
i	w	p	c	b	x	m	h	y
e	m	f	k	d	a	c	q	n
q	h	l	n	p	y	z	e	i
a	x	s	e	w	t	j	g	o
r	o	g	j	v	h	r	a	w
d	y	m	c	o	q	n	x	m

Library 도서관

library
도서관

quiet
조용한

bookshelf
책장

top
꼭대기

middle
중간

lend
빌려주다

book
책

remember
기억하다

child
어린이

interested
흥미 있는

bored
지루한

read
읽다

thick
두꺼운

bottom
밑

forget
잊다

page
페이지

newspaper
신문

problem
문제

3 +5 =

23446+5644=

easy
쉬운

difficult
어려운

library
도서관

library

book
책

book

bookshelf
책장

bookshelf

forget
잊다

forget

remember
기억하다

remember

bored
지루한

bored

interested
흥미 있는

interested

easy
쉬운

easy

difficult
어려운

difficult

read
읽다

read

lend
빌려주다

lend

problem
문제
problem

newspaper
신문
newspaper

page
쪽, 페이지
page

thick
두꺼운 (↔thin 얇은)
thick

quiet
조용한
(↔noisy 시끄러운)
quiet

child
어린이
child

top
꼭대기
top

middle
중간, 한가운데
middle

bottom
밑, 바닥
bottom

A 사진과 일치하는 단어에 O표 하세요.

problem
easy
thick

difficult
boring
interested

read
forget
lend

bottom
top
middle

B 주어진 사진의 단어를 쓰고 첫 알파벳을 찾아 색칠해 보세요. 어떤 알파벳이 보이나요?

_____

o	h	p	u	e	r	s	g	r
e	s	b	a	i	l	f	o	a
j	t	m	f	o	b	w	k	h
r	a	l	g	d	q	g	i	t
h	u	b	k	v	c	y	d	p
f	p	j	n	b	p	r	u	f
s	d	t	w	y	o	e	j	k
i	r	k	h	a	s	z	i	v
o	g	e	u	t	j	p	x	d

_____

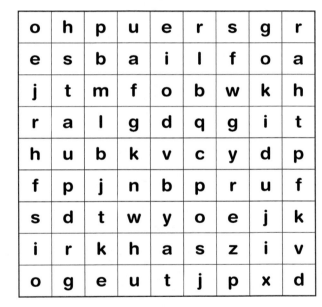

_____

_____

_____

_____

_____

_____

hospital 병원	hospital
doctor 의사	doctor

nurse	nurse
간호사	

patient	patient
환자	

people	people
사람들	

person	person
사람	

gentleman	gentleman
신사 (복수형 gentlemen)	

lady	lady
숙녀 (복수형 ladies)	

hurt	hurt
다치다	

worry	worry
걱정하다	

feel	feel
느끼다	

sick
아픈

sick

fever
열

fever

stomachache
복통

stomachache

headache
두통

headache

medicine
약

medicine

once
한 번

once

twice
두 번

twice

large
큰

large

elevator
엘리베이터, 승강기

elevator

사진과 일치하는 단어에 O표 하세요.

worry
headache
stomachache

nurse
patient
gentleman

gentleman
people
lady

patient
hospital
doctor

B 주어진 사진의 단어를 쓰고 첫 알파벳을 찾아 색칠해 보세요. 어떤 알파벳이 보이나요?

_____

c	x	a	t	n	i	u	o	b
j	q	r	o	c	w	k	v	n
w	z	k	m	d	y	j	a	x
a	o	u	h	b	g	t	z	q
v	i	y	s	f	x	r	n	i
t	r	c	l	v	e	j	c	o
n	u	w	p	h	q	y	b	u
x	j	o	z	i	a	k	w	r
q	b	c	k	t	v	n	q	c

_____

_____

_____

_____

_____

_____

_____

_____

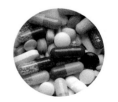

_____

Sports 스포츠

badminton 배드민턴

volleyball 배구

ball 공

sport 스포츠

soccer 축구

start 시작하다

score 점수

finish 마치다

win 이기다

6 : 2

baseball 야구

same 같은

medal 메달

team 팀

different 다른

tennis 테니스

lose 지다

glove 글러브

boxing 권투, 복싱

table tennis 탁구

basketball 농구

sport sport
스포츠, 운동

baseball baseball
야구

basketball
농구

basketball

soccer
축구

soccer

badminton
배드민턴

badminton

boxing
권투, 복싱

boxing

tennis
테니스

tennis

table tennis
탁구

table tennis

volleyball
배구

volleyball

win
이기다, 승리하다

win

lose
지다

lose

medal 메달	medal
same 같은	same
different 다른	different
glove 글러브, 장갑	glove
ball 공	ball
team 팀	team
score 점수	score
start 시작하다	start
finish 끝내다, 마치다	finish

A 사진과 일치하는 단어에 O표 하세요.

win
score
team

baseball
basketball
volleyball

different
soccer
boxing

tennis
table tennis
badminton

B 주어진 사진의 단어를 쓰고 첫 알파벳을 찾아 색칠해 보세요. 어떤 알파벳이 보이나요?

_____

_____

h	j	z	q	l	c	z	e	p
k	y	a	i	n	f	r	u	l
q	x	g	t	k	o	j	h	i
c	o	b	h	w	r	l	a	x
r	f	d	p	s	e	p	n	c
i	z	b	e	b	x	k	f	q
n	a	m	v	l	r	i	u	j
o	h	u	k	u	f	a	h	o
e	l	j	q	c	p	n	y	e

_____

_____

_____

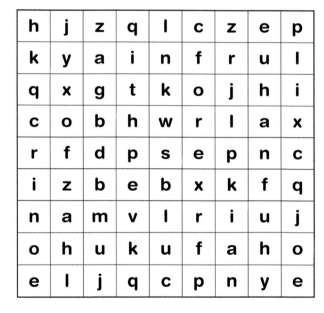

_____

_____

_____

_____

_____

Fruits & Vegetables
과일과 야채

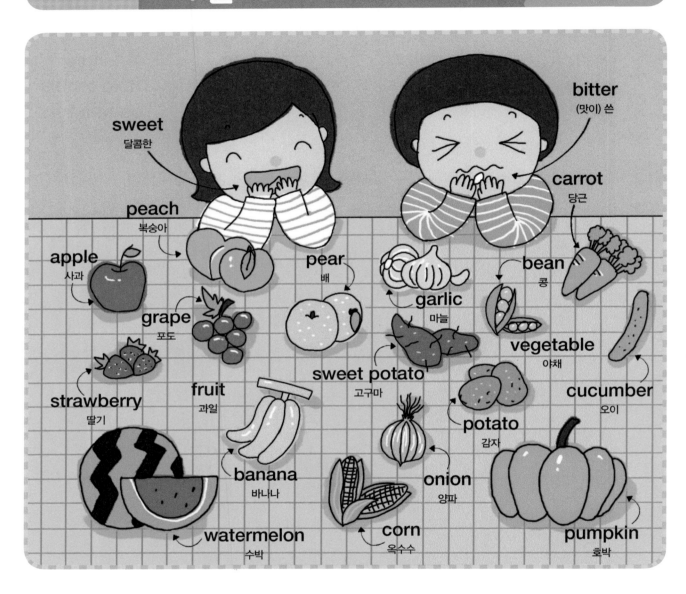

sweet
달콤한

bitter
(맛이) 쓴

peach
복숭아

carrot
당근

apple
사과

pear
배

bean
콩

garlic
마늘

grape
포도

vegetable
야채

strawberry
딸기

fruit
과일

sweet potato
고구마

cucumber
오이

potato
감자

banana
바나나

onion
양파

watermelon
수박

corn
옥수수

pumpkin
호박

fruit
과일

fruit

vegetable
야채

vegetable

apple 사과	apple
grape 포도	grape
pear 배	pear
peach 복숭아	peach
banana 바나나	banana
strawberry 딸기	strawberry
watermelon 수박	watermelon
carrot 당근	carrot
corn 옥수수	corn

potato
감자

potato

sweet potato
고구마

sweet potato

bean
콩

bean

cucumber
오이

cucumber

onion
양파

onion

garlic
마늘

garlic

pumpkin
호박

pumpkin

bitter
(맛이) 쓴

bitter

sweet
달콤한

sweet

사진과 일치하는 단어에 O표 하세요.

onion
peach
corn

potato
carrot
bean

fruit
sweet
bitter

banana
cucumber
pear

B 주어진 사진의 단어를 쓰고 첫 알파벳을 찾아 색칠해 보세요. 어떤 알파벳이 보이나요?

t	n	f	o	d	q	i	j	r
m	u	s	c	p	h	e	l	f
e	j	x	g	t	k	n	o	u
k	r	h	a	u	m	r	h	d
q	d	z	w	l	x	j	q	z
i	n	l	b	y	n	f	t	i
f	y	v	s	p	z	o	x	k
o	m	t	f	e	i	u	e	y
j	e	k	r	h	d	l	q	m

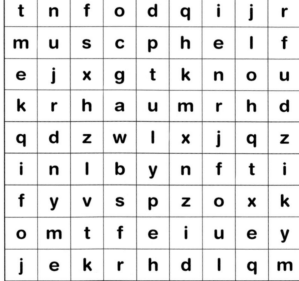

Food 음식

- hamburger 햄버거
- food 음식
- delicious 맛있는
- snack 스낵
- juice 주스
- bread 빵
- egg 달걀
- half 절반
- meat 고기
- sandwich 샌드위치
- rice 쌀
- sugar 설탕
- salt 소금
- cheese 치즈
- candy 사탕
- soup 수프
- fill 채우다
- water 물
- milk 우유
- empty 빈

food
음식

food

snack
간식, 스낵

snack

bread
빵

bread

candy
사탕
(복수형 candies)

candy

egg
달걀

egg

meat
육류, 고기

meat

rice
쌀

rice

soup
수프, 국

soup

cheese
치즈

cheese

sandwich
샌드위치
(복수형 sandwiches)

sandwich

hamburger
햄버거

hamburger

water	water
물	

milk	milk
우유	

juice	juice
주스	

salt	salt
소금	

sugar	sugar
설탕	

empty	empty
빈, 비어 있는	

fill	fill
채우다	

half	half
반, 절반	

delicious	delicious
맛있는	

empty
half
snack

rice
fill
soup

delicious
candy
sugar

cheese
salt
food

B 주어진 사진의 단어를 쓰고 첫 알파벳을 찾아 색칠해 보세요. 어떤 알파벳이 보이나요?

q	n	l	x	d	y	i	o	p
v	k	h	g	v	n	a	q	k
a	z	e	u	o	q	t	x	u
y	n	b	p	k	i	v	d	z
u	i	m	y	t	q	u	o	g
l	x	r	a	n	z	l	p	y
g	t	c	d	v	o	t	x	i
n	o	m	j	s	w	q	n	k
p	d	q	k	l	g	p	u	a

_____

_____

_____

_____

_____   _____   _____   _____

Birthday & Picnic
생일과 소풍

candle 초

ribbon 리본

fountain 분수대

age 나이

birthday 생일

party 파티

surprise 놀라게 하다

cake 케이크

piece 조각

gift 선물

glad 기쁜

fun 재미있는

like 좋아하다

hate 싫어하다

invite 초대하다

game 게임

join 참여하다

picnic 소풍

carry 나르다

basket 바구니

birthday birthday
생일

party party
파티

cake 케이크	cake
piece 조각	piece
candle 초	candle
age 나이	age
surprise 놀라게 하다	surprise
gift 선물 (=present)	gift
ribbon 리본	ribbon
invite 초대하다	invite
picnic 소풍, 피크닉	picnic

basket	basket
바구니	

carry	carry
가지고 가다, 나르다	

glad	glad
기쁜, 즐거운	

like	like
좋아하다	

hate	hate
싫어하다	

game	game
게임	

join	join
참여하다, 함께하다	

fun	fun
유쾌한, 재미있는	

fountain	fountain
분수, 분수대	

A 사진과 일치하는 단어에 O표 하세요.

invite
surprise
carry

fountain
picnic
candle

join
fun
glad

like
hate
carry

B 주어진 사진의 단어를 쓰고 첫 알파벳을 찾아 색칠해 보세요. 어떤 알파벳이 보이나요?

_____

o	u	d	s	a	j	h	f	n
v	e	x	i	n	w	q	i	t
j	s	m	y	o	k	u	m	d
h	t	r	g	f	v	e	t	s
q	d	b	w	c	q	y	a	j
a	u	g	h	p	x	k	w	h
m	f	c	l	z	n	f	o	v
k	i	p	o	a	k	s	i	e
e	n	c	j	t	q	d	u	m

_____

_____

_____

_____

_____

_____

_____

_____

Order 순서

tall 키가 큰
ninth 아홉 번째의
eighth 여덟 번째의
short 키가 작은
tenth 열 번째의
point 가리키다
wonder 궁금해하다
away 멀리에
seventh 일곱 번째의
fourth 네 번째의
sixth 여섯 번째의
third 세 번째의
zero 영의
fifth 다섯 번째의
second 두 번째의
first 첫 번째의
some 약간의
count 세다
much (양이) 많은
many (수가) 많은

zero
zero
0, 영의

first
first
첫 번째의

second
두 번째의

second

third
세 번째의

third

fourth
네 번째의

fourth

fifth
다섯 번째의

fifth

sixth
여섯 번째의

sixth

seventh
일곱 번째의

seventh

eighth
여덟 번째의

eighth

ninth
아홉 번째의

ninth

tenth
열 번째의

tenth

much
(양이) 많은

much

many
(수가) 많은

many

some
약간의

some

count
세다

count

point
가리키다, 지목하다

point

wonder
궁금해하다

wonder

away
떨어져, 멀리에

away

tall
키가 큰

tall

short
키가 작은

short

사진과 일치하는 단어에 O표 하세요.

tall
short
away

first
third
fifth

seventh
ninth
second

many
much
some

 주어진 사진의 단어를 쓰고 첫 알파벳을 찾아 색칠해 보세요. 어떤 알파벳이 보이나요?

r	i	d	j	a	o	g	c	u
k	v	r	e	h	b	s	r	k
w	g	u	z	q	t	o	d	a
d	l	c	t	f	w	l	j	h
q	a	r	n	v	m	q	b	o
b	u	i	p	o	x	f	w	g
v	h	r	l	y	r	x	l	i
j	o	k	w	a	o	j	v	c
g	c	u	i	d	h	b	k	q

_____

_____

_____

_____

_____

_____

_____

_____

bird	새
air	공기
fresh	신선한
forest	숲
leaf	나뭇잎
blow	불다
peace	평화
snake	뱀
insect	곤충
spider	거미
wolf	늑대
wood	나무
there	저기에
ant	개미
stone	돌
beautiful	아름다운
fox	여우
lake	호수
grasshopper	메뚜기
here	여기에

forest   forest
숲

beautiful   beautiful
아름다운

peace
평화

peace

fresh
신선한

fresh

air
공기

air

lake
호수

lake

wood
나무, 목재

wood

leaf
나뭇잎
(복수형 leaves)

leaf

stone
돌, 돌멩이, 바위

stone

bird
새

bird

wolf
늑대 (복수형 wolves)

wolf

fox	fox
여우 (복수형 foxes)	

snake	snake
뱀	

insect	insect
곤충	

ant	ant
개미	

grasshopper	grasshopper
메뚜기	

spider	spider
거미	

here	here
여기에	

there	there
저기에	

blow	blow
불다	

A 사진과 일치하는 단어에 O표 하세요.

lake
leaf
fresh

stone
spider
fox

blow
there
peace

insect
bird
forest

B 주어진 사진의 단어를 쓰고 첫 알파벳을 찾아 색칠해 보세요. 어떤 알파벳이 보이나요?

o	c	k	p	c	m	h	d	e
r	d	q	e	n	f	t	j	p
m	u	h	r	j	l	g	i	f
c	o	d	t	v	a	q	c	n
k	x	n	f	p	b	s	w	k
v	e	z	m	y	s	p	v	c
t	q	j	r	d	w	e	o	r
h	y	c	x	k	l	u	h	d
u	n	o	d	t	f	q	j	m

_____

_____

_____

_____

_____

_____

_____

105

airport 공항

country 나라

world 세계

passport 여권

arrive 도착하다

hear 듣다

plan 계획

meet 만나다

welcome 환영하다

depart 떠나다

suitcase 여행 가방

hurry 서두르다

sad 슬픈

happy 행복한

travel 여행하다

airplane 비행기

crew 승무원

passenger 승객

pilot 조종사

wait 기다리다

airport
airport
공항

airplane
airplane
비행기

pilot 조종사	pilot
crew 승무원	crew
passenger 승객	passenger
passport 여권	passport
suitcase 여행 가방	suitcase
happy 행복한	happy
sad 슬픈	sad
welcome 환영하다, 환영	welcome
hurry 서두르다	hurry

meet
만나다

meet

wait
기다리다

wait

depart
떠나다, 출발하다
(=leave)

depart

arrive
도착하다

arrive

hear
듣다, 들리다

hear

travel
여행하다, 여행

travel

world
세계

world

country
나라, 시골

country

plan
계획, 계획하다

plan

A 사진과 일치하는 단어에 O표 하세요.

meet
wait
arrive

travel
sad
happy

passenger
crew
pilot

hear
world
suitcase

B 주어진 사진의 단어를 쓰고 첫 알파벳을 찾아 색칠해 보세요. 어떤 알파벳이 보이나요?

_____

_____

_____

o	k	j	f	q	b	c	d	l
f	b	c	h	p	s	e	o	g
r	i	t	l	s	u	j	t	f
b	n	g	v	a	r	k	c	v
l	k	e	b	h	n	q	x	i
q	c	u	i	p	g	t	c	b
d	o	w	v	w	j	l	n	u
j	f	r	p	c	o	i	e	d
g	t	b	e	n	d	r	k	q

_____

_____

_____

_____

_____

_____

_____

hot 더운

boat 보트

fish 물고기

island 섬

deep 깊은

sea 바다

swim 수영하다

bottle 병

few (수가) 적은

little (양이) 적은

sorry 미안한

sand 모래

hat 모자

trash 쓰레기

fight 싸우다

toy 장난감

rest 휴식

beach 해변

wet 젖은

board 널빤지

beach
해변

beach

sea
바다

sea

island 섬	island
sand 모래	sand
swim 수영하다	swim
rest 휴식, 쉬다	rest
hot 더운, 뜨거운	hot
hat 모자	hat
wet 젖은, 축축한	wet
little (양이) 적은	little
few (수가) 적은	few

bottle
병

bottle

board
널빤지, 판자

board

toy
장난감

toy

fish
물고기 (복수형 fish)

fish

boat
보트, 작은 배

boat

fight
싸우다, 다투다

fight

sorry
미안한

sorry

trash
쓰레기

trash

deep
깊은

deep

A 사진과 일치하는 단어에 O표 하세요.

boat
trash
board

sand
fish
bottle

little
island
rest

beach
swim
rest

B 주어진 사진의 단어를 쓰고 첫 알파벳을 찾아 색칠해 보세요. 어떤 알파벳이 보이나요?

e	n	i	j	d	p	a	l	g
p	m	o	c	w	b	v	k	f
i	u	a	v	g	s	t	r	b
w	c	l	k	n	h	w	d	s
q	j	u	e	z	f	o	j	t
a	x	n	m	i	y	e	n	q
v	k	g	z	p	k	u	l	c
d	o	j	c	q	w	m	g	x
u	e	y	l	d	a	p	v	i

Farm 농장

farm
농장

cow
소

goat
염소

hose
호스

horse
말

turtle
거북

sheep
양

rooster
수탉

duck
오리

favorite
가장 좋아하는

rabbit
토끼

hen
암탉

animal
동물

cute
귀여운

feed
먹이를 주다

goose
거위

chick
병아리

build
짓다

pig
돼지

hole
구멍

farm
farm
농장

animal
animal
동물

cow 소	cow
pig 돼지	pig
horse 말	horse
duck 오리	duck
goose 거위 (복수형 geese)	goose
chick 병아리	chick
rabbit 토끼	rabbit
sheep 양 (복수형 sheep)	sheep
turtle 거북	turtle

goat 염소	goat
hen 암탉	hen
rooster 수탉	rooster
feed 먹이를 주다	feed
cute 귀여운	cute
favorite 가장 좋아하는	favorite
build 짓다, 만들다	build
hose 호스	hose
hole 구멍	hole

A 사진과 일치하는 단어에 O표 하세요.

hose
hole
horse

turtle
farm
animal

goose
chick
sheep

duck
hen
cow

B 주어진 사진의 단어를 쓰고 첫 알파벳을 찾아 색칠해 보세요. 어떤 알파벳이 보이나요?

_____

_____

_____

q	f	w	b	y	a	v	i	q
j	m	r	t	u	l	o	z	e
y	k	c	x	d	e	j	n	k
e	i	g	h	m	v	f	y	b
a	v	p	n	s	o	i	u	m
w	o	r	c	z	j	x	a	x
l	n	q	f	w	n	k	z	l
u	b	k	m	i	e	v	f	w
v	j	x	a	y	l	q	b	o

_____

_____

_____

_____

_____

_____

_____

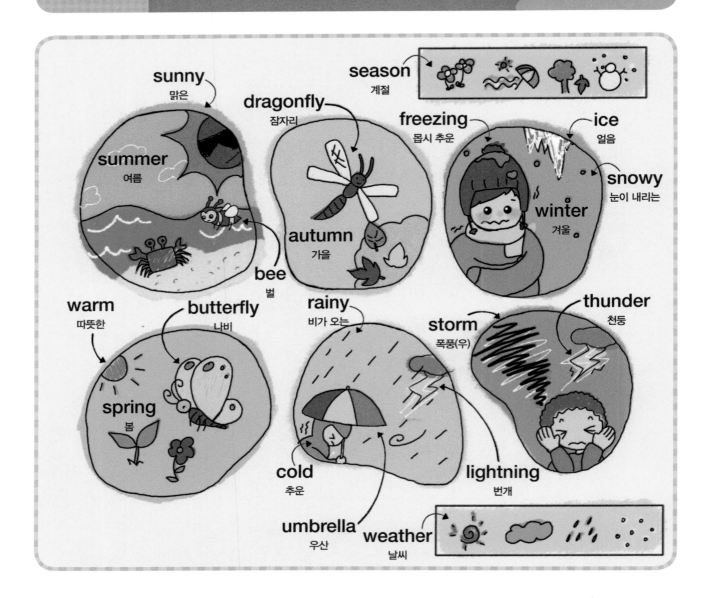

season
계절

season

spring
봄

spring

summer
여름

summer

autumn
가을 (=fall)

autumn

winter
겨울

winter

weather
날씨

weather

sunny
맑은, 화창한

sunny

snowy
눈이 내리는

snowy

rainy
비가 오는

rainy

warm
따뜻한
(↔cool 시원한)

warm

cold
추운, 차가운
(↔hot 더운, 뜨거운)

cold

umbrella
우산

umbrella

ice
얼음

ice

lightning
번개

lightning

thunder
천둥

thunder

storm
폭풍(우)

storm

butterfly
나비

butterfly

bee
벌

bee

dragonfly
잠자리

dragonfly

freezing
몹시 추운, 얼어붙은

freezing

A 사진과 일치하는 단어에 O표 하세요.

freezing
warm
sunny

rainy
autumn
spring

thunder
season
weather

winter
snowy
summer

B 주어진 사진의 단어를 쓰고 첫 알파벳을 찾아 색칠해 보세요. 어떤 알파벳이 보이나요?

o	f	j	p	c	h	g	n	f
c	k	y	r	q	e	k	d	t
n	v	m	z	l	x	w	p	j
e	h	t	o	y	b	t	c	m
j	q	f	k	v	s	z	h	g
x	c	p	n	u	c	b	o	q
v	o	c	i	m	x	f	a	v
g	h	n	t	e	g	p	j	e
q	y	e	z	h	c	k	h	n

_____

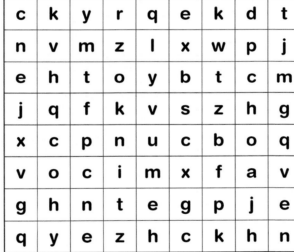

_____

_____

_____

_____

_____

_____

Traffic 교통

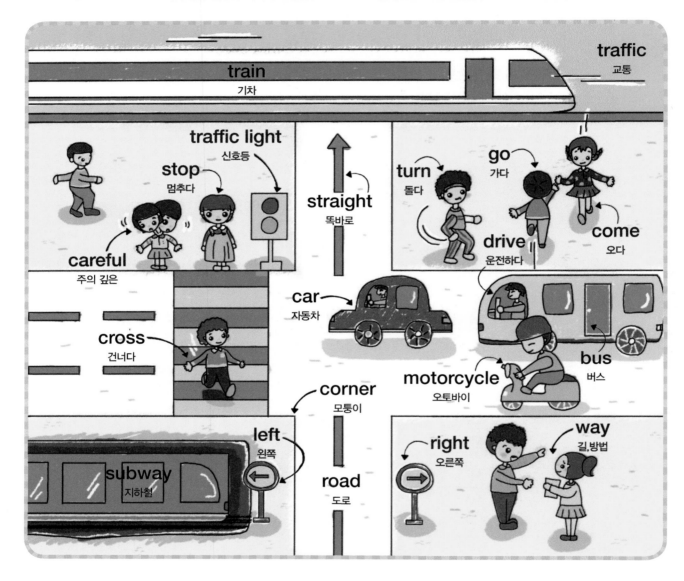

traffic 교통

traffic

traffic light 신호등

traffic light

| car | car |
| 자동차 | |

| bus | bus |
| 버스 | |

| motorcycle | motorcycle |
| 오토바이 | |

| subway | subway |
| 지하철 | |

| train | train |
| 기차 | |

| drive | drive |
| 운전하다 | |

| go | go |
| 가다 | |

| come | come |
| 오다 | |

| left | left |
| 왼쪽의, 왼쪽 | |

right
오른쪽의, 오른쪽

right

road
도로, 길

road

turn
돌다

turn

straight
똑바로, 일직선의

straight

corner
모퉁이

corner

careful
주의 깊은, 신중한

careful

cross
건너다

cross

stop
멈추다

stop

way
길, 방법

way

A 사진과 일치하는 단어에 O표 하세요.

right
left
straight

turn
come
cross

corner
train
traffic

go
drive
stop

B 주어진 사진의 단어를 쓰고 첫 알파벳을 찾아 색칠해 보세요. 어떤 알파벳이 보이나요?

_____

_____

h	p	a	n	y	f	w	i	u
v	i	q	g	d	s	e	o	k
f	o	j	c	z	p	r	v	a
n	e	w	r	k	h	t	j	g
g	u	i	b	f	q	c	k	p
x	p	y	o	m	l	x	n	e
a	j	n	z	g	x	h	w	y
v	q	x	i	u	v	e	o	f
k	h	f	w	a	j	q	k	u

_____

_____

_____

_____

_____

_____

_____

125

City 도시

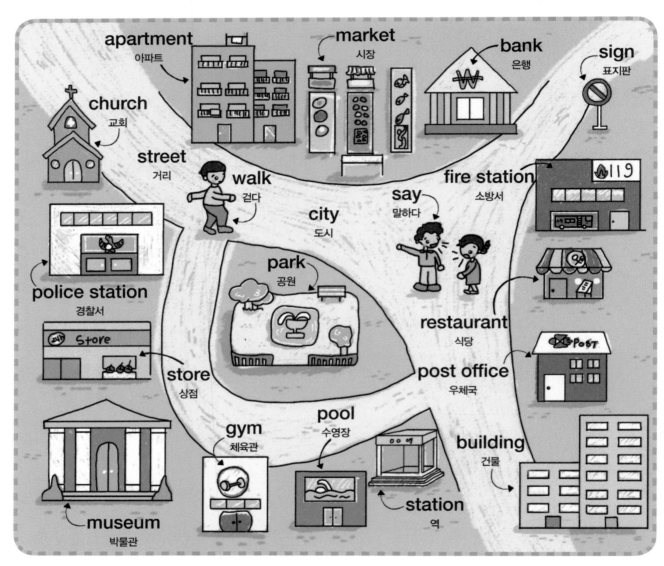

apartment	아파트
market	시장
bank	은행
sign	표지판
church	교회
street	거리
walk	걷다
city	도시
say	말하다
fire station	소방서
police station	경찰서
park	공원
restaurant	식당
store	상점
post office	우체국
gym	체육관
pool	수영장
building	건물
museum	박물관
station	역

city 도시

city

bank 은행

bank

church
교회

church

post office
우체국

post office

restaurant
식당

restaurant

store
가게, 상점

store

station
역

station

apartment
아파트

apartment

market
시장

market

park
공원

park

pool
수영장

pool

gym
체육관 (=gymnasium)

gym

fire station
소방서

fire station

police station
경찰서

police station

museum
박물관

museum

building
건물

building

street
거리, 큰길

street

walk
걷다

walk

say
말하다

say

sign
표지판, 신호

sign

A 사진과 일치하는 단어에 O표 하세요.

city
street
park

museum
fire station
police station

store
walk
say

station
market
gym

B 주어진 사진의 단어를 쓰고 첫 알파벳을 찾아 색칠해 보세요. 어떤 알파벳이 보이나요?

_____

_____

_____

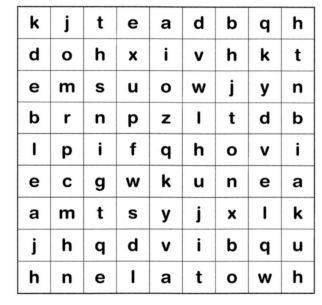

k	j	t	e	a	d	b	q	h
d	o	h	x	i	v	h	k	t
e	m	s	u	o	w	j	y	n
b	r	n	p	z	l	t	d	b
l	p	i	f	q	h	o	v	i
e	c	g	w	k	u	n	e	a
a	m	t	s	y	j	x	l	k
j	h	q	d	v	i	b	q	u
h	n	e	l	a	t	o	w	h

_____

_____

_____

_____

_____

_____

_____

Zoo 동물원

ZOO 동물원	zoo
lion 사자	lion

tiger
호랑이

tiger

bear
곰

bear

elephant
코끼리

elephant

giraffe
기린

giraffe

zebra
얼룩말

zebra

monkey
원숭이

monkey

alligator
악어

alligator

penguin
펭귄

penguin

dolphin
돌고래

dolphin

man 남자 (복수형 men)	man
woman 여자 (복수형 women)	woman
dangerous 위험한	dangerous
safe 안전한	safe
ugly 못생긴	ugly
pretty 예쁜	pretty
handsome 잘생긴	handsome
camera 카메라	camera
noisy 시끄러운	noisy

A 사진과 일치하는 단어에 O표 하세요.

woman
man
pretty

elephant
dolphin
bear

man
woman
handsome

dangerous
safe
pretty

B 주어진 사진의 단어를 쓰고 첫 알파벳을 찾아 색칠해 보세요. 어떤 알파벳이 보이나요?

_____

j	q	x	h	u	b	w	o	k
r	y	f	v	r	s	r	x	v
h	n	w	b	j	o	b	i	h
v	k	i	s	b	q	n	u	r
u	q	y	l	c	x	k	y	b
b	w	j	a	v	e	s	o	j
f	n	s	d	k	t	u	f	w
i	u	r	g	f	z	q	n	b
o	b	h	p	m	s	b	r	i

_____

_____

_____

_____

_____

_____

_____

_____

_____

DAY 33 Amusement park
놀이 공원

keep 계속하다
high 높은
poster 포스터
amusement park 놀이 공원
cry 울다
enjoy 즐기다
visit 방문하다
ticket 입장권
great 훌륭한
loud 시끄러운
scare 겁주다
afraid 겁내는
angry 화난
low 낮은
cover 덮다
balloon 풍선
see 보다
have 가지다
work 일하다
excited 신이 난

ICE CREAM

XX 랜드

amusement park
놀이 공원

amusement park

excited
신이 난, 들뜬

excited

134

afraid	afraid
겁내는, 두려워하는	

angry	angry
화난	

scare	scare
겁주다, 겁나게 하다	

cry	cry
울다	

enjoy	enjoy
즐기다, 즐거워하다	

keep	keep
유지하다, 계속하다	

have	have
가지다, 소유하다	

work	work
일하다	

visit	visit
방문하다	

see	see
보다	

cover	cover
덮다, 가리다	

high	high
높은	

low	low
낮은	

loud	loud
시끄러운 (↔quiet 조용한)	

balloon	balloon
풍선	

ticket	ticket
표, 입장권	

poster	poster
포스터, 벽보	

great	great
훌륭한, 대단한	

사진과 일치하는 단어에 O표 하세요.

afraid
loud
great

cry
have
scare

visit
see
cover

enjoy
work
angry

B 주어진 사진의 단어를 쓰고 첫 알파벳을 찾아 색칠해 보세요. 어떤 알파벳이 보이나요?

_____

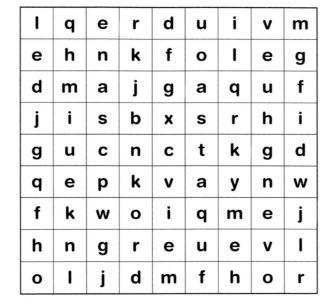

l	q	e	r	d	u	i	v	m
e	h	n	k	f	o	l	e	g
d	m	a	j	g	a	q	u	f
j	i	s	b	x	s	r	h	i
g	u	c	n	c	t	k	g	d
q	e	p	k	v	a	y	n	w
f	k	w	o	i	q	m	e	j
h	n	g	r	e	u	e	v	l
o	l	j	d	m	f	h	o	r

_____

_____

_____

_____

_____

_____

_____

_____

_____

Department store
백화점

<table>
<tr><td>department store
백화점</td><td>department store</td></tr>
<tr><td>clerk
점원, 판매원</td><td>clerk</td></tr>
</table>

item
상품, 물건

item

buy
사다

buy

sell
팔다

sell

cheap
값이 싼

cheap

expensive
값비싼

expensive

hundred
100, 백의

hundred

thousand
1000, 천의

thousand

million
100만, 백만의

million

only
유일한, 단 하나의

only

help 돕다, 도와주다	help
thank 감사하다, 감사	thank
old 나이 든	old
young 젊은, 어린	young
choose 고르다, 선택하다	choose
want 원하다	want
money 돈	money
floor 층, 바닥	floor
exchange 교환하다, 교환	exchange

사진과 일치하는 단어에 O표 하세요.

want
buy
help

young
money
floor

item
clerk
thank

exchange
help
sell

B 주어진 사진의 단어를 쓰고 첫 알파벳을 찾아 색칠해 보세요. 어떤 알파벳이 보이나요?

j	l	a	v	a	q	p	k	f
q	i	s	t	h	j	b	n	w
b	p	h	r	w	o	a	r	l
u	k	c	g	n	s	u	g	a
a	v	m	j	z	v	f	b	p
n	f	e	x	i	d	y	n	q
k	r	j	o	c	w	k	z	i
g	a	l	u	p	s	r	a	v
s	i	q	b	f	g	a	u	l

_____

_____

_____

_____

_____

_____

_____

_____

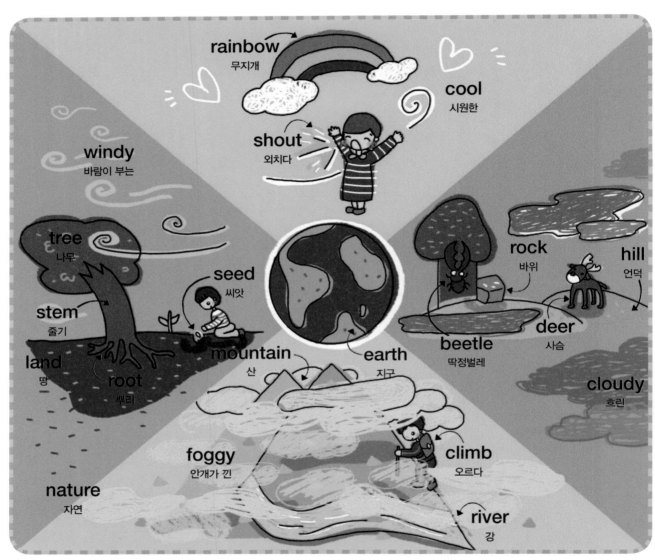

rainbow
무지개

cool
시원한

shout
외치다

windy
바람이 부는

tree
나무

seed
씨앗

rock
바위

hill
언덕

stem
줄기

land
땅

root
뿌리

mountain
산

earth
지구

beetle
딱정벌레

deer
사슴

cloudy
흐린

foggy
안개가 낀

climb
오르다

nature
자연

river
강

nature
자연

nature

land
땅, 육지

land

river
강

river

mountain
산

mountain

hill
언덕

hill

rock
바위

rock

shout
외치다

shout

climb
오르다

climb

rainbow
무지개

rainbow

earth
지구

earth

deer
사슴 (복수형 deer)

deer

tree 나무	tree
root 뿌리	root
stem 줄기	stem
seed 씨앗	seed
beetle 딱정벌레	beetle
windy 바람이 부는	windy
cloudy 흐린, 구름 낀	cloudy
foggy 안개가 낀	foggy
cool 시원한 (↔warm 따뜻한)	cool

144

A 사진과 일치하는 단어에 O표 하세요.

stem
root
beetle

hill
land
rock

seed
tree
climb

rock
rainbow
river

B 주어진 사진의 단어를 쓰고 첫 알파벳을 찾아 색칠해 보세요. 어떤 알파벳이 보이나요?

_____

_____

q	y	h	u	a	z	v	g	o
z	i	x	c	p	a	l	i	x
g	o	v	b	z	k	r	u	n
k	z	j	f	h	w	s	j	k
u	a	y	t	q	n	d	p	a
h	w	p	x	e	m	z	h	g
a	i	n	o	z	j	v	a	w
q	v	y	k	u	g	y	n	z
p	z	a	j	a	w	i	o	q

_____

_____

_____

_____

_____

_____

_____

_____

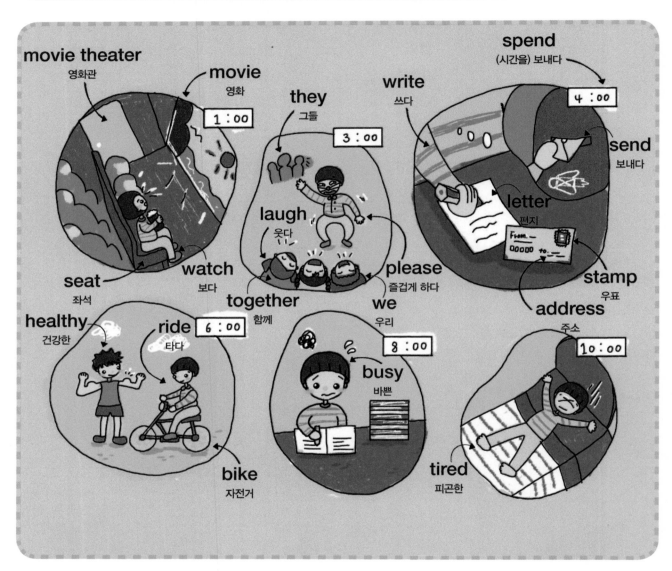

movie theater
영화관

movie
영화
1:00

they
그들
3:00

write
쓰다

spend
(시간을) 보내다
4:00

send
보내다

letter
편지

laugh
웃다

please
즐겁게 하다

we
우리

stamp
우표

seat
좌석

watch
보다

together
함께

address
주소

healthy
건강한

ride
타다
6:00

busy
바쁜
8:00

10:00

bike
자전거

tired
피곤한

movie
영화

movie

watch
보다

watch

seat 좌석, 자리	seat
movie theater 영화관	movie theater
please 즐겁게 하다, 기쁘게 하다	please
laugh 웃다	laugh
together 함께, 같이	together
write 쓰다	write
letter 편지	letter
address 주소	address
stamp 우표	stamp

send	send
보내다	
ride	ride
타다	
bike	bike
자전거 (=bicycle)	
healthy	healthy
건강한	
tired	tired
피곤한	
busy	busy
바쁜	
spend	spend
(시간을) 보내다, (돈을) 쓰다	
they	they
그들	
we	we
우리	

사진과 일치하는 단어에 O표 하세요.

send
write
please

laugh
movie theater
healthy

address
letter
seat

together
healthy
tired

B 주어진 사진의 단어를 쓰고 첫 알파벳을 찾아 색칠해 보세요. 어떤 알파벳이 보이나요?

_____

_____

j	f	q	i	c	p	c	g	m
k	p	s	w	b	l	d	k	o
n	d	c	o	t	v	j	q	e
g	m	x	r	e	f	n	c	u
c	u	h	a	s	w	x	i	g
o	i	y	g	p	z	c	v	j
e	x	f	m	y	e	q	n	d
q	k	c	v	j	u	k	m	z
c	d	u	n	i	o	y	f	p

_____

_____

_____

_____

_____

_____

_____

_____

149

flag 깃발
castle 성
gate 문
north 북쪽
east 동쪽
west 서쪽
south 남쪽
fly 날다
change 변하다
map 지도
bridge 다리
love 사랑하다
wish 바라다
gold 금
king 왕
queen 왕비
prince 왕자
princess 공주
frog 개구리
story 이야기

story	story
이야기	

king	king
왕	

queen 왕비	queen
prince 왕자	prince
princess 공주	princess
castle 성	castle
gate 문, 대문	gate
bridge 다리	bridge
flag 깃발	flag
gold 금, 금의	gold
fly 날다	fly

change 변하다, 달라지다	change
frog 개구리	frog
love 사랑하다	love
wish 바라다	wish
map 지도	map
east 동쪽	east
west 서쪽	west
north 북쪽	north
south 남쪽	south

A 사진과 일치하는 단어에 O표 하세요.

north
west
east

love
change
fly

prince
queen
princess

east
south
north

B 주어진 사진의 단어를 쓰고 첫 알파벳을 찾아 색칠해 보세요. 어떤 알파벳이 보이나요?

_____

_____

_____

o	u	h	x	s	a	y	k	u
z	f	t	k	d	r	h	w	j
s	h	g	y	j	x	b	o	z
a	o	i	e	u	p	t	h	d
l	r	h	l	m	i	x	t	l
u	d	j	t	c	y	o	a	r
i	t	s	o	n	l	y	j	z
x	h	a	z	f	t	o	h	k
o	y	k	r	d	x	i	s	u

_____

_____

_____

_____

_____

_____

DAY 38 Case 사건

present 현재
place 장소
fire 불
happen 일어나다
burn (불에) 타다
what 무엇을
past 과거
〈어제〉
brave 용감한
who 누가
how 어떻게
where 어디서
honest 정직한
when 언제
why 왜
key 열쇠
can 캔
look 보다
time 시간
stick 막대기
future 미래

when
언제

when

where
어디서

where

154

who	who
누가	

what	what
무엇을	

how	how
어떻게	

why	why
왜	

place	place
장소	

look	look
보다	

burn	burn
(불에) 타다	

happen	happen
일어나다	

fire	fire
불, 화재	

key 열쇠	key
can 캔, 깡통	can
stick 막대기	stick
time 시간	time
brave 용감한	brave
honest 정직한	honest
past 과거	past
present 현재	present
future 미래	future

A 사진과 일치하는 단어에 O표 하세요.

brave
honest
happen

stick
time
fire

place
time
why

present
past
future

B 주어진 사진의 단어를 쓰고 첫 알파벳을 찾아 색칠해 보세요. 어떤 알파벳이 보이나요?

_____

_____

_____

j	e	r	d	g	a	j	h	o
n	u	w	l	w	t	f	m	g
h	q	v	a	c	i	x	e	q
r	y	i	u	b	z	n	r	a
v	d	z	n	w	m	h	d	v
m	u	e	j	s	y	a	u	o
a	q	y	o	k	n	z	m	i
x	g	a	u	h	x	e	y	q
j	y	r	d	v	i	a	g	d

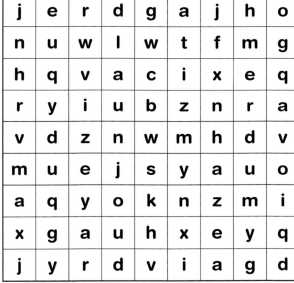

_____

_____

_____

_____

_____

_____

_____

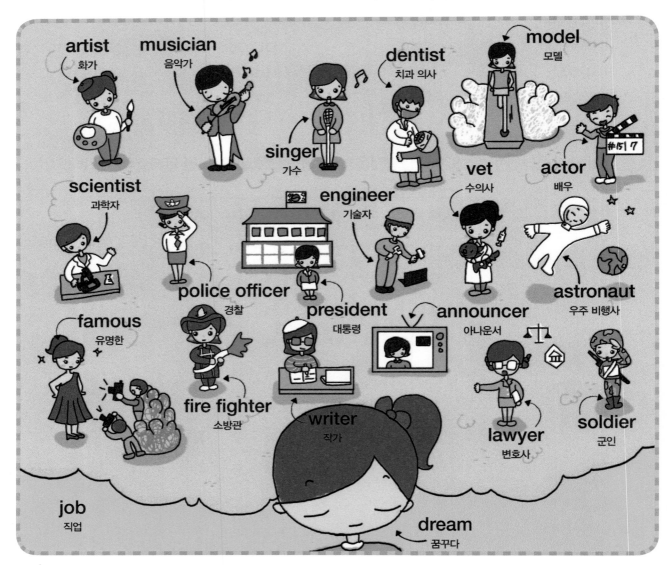

artist
화가

musician
음악가

singer
가수

dentist
치과 의사

model
모델

vet
수의사

actor
배우

scientist
과학자

engineer
기술자

astronaut
우주 비행사

police officer
경찰

president
대통령

announcer
아나운서

famous
유명한

fire fighter
소방관

writer
작가

lawyer
변호사

soldier
군인

job
직업

dream
꿈꾸다

job	job
직업	

artist	artist
화가, 예술가	

musician
음악가

musician

singer
가수

singer

dentist
치과 의사

dentist

model
모델

model

scientist
과학자

scientist

police officer
경찰

police officer

president
대통령

president

engineer
기술자, 엔지니어

engineer

vet
수의사 (=veterinarian)

vet

astronaut
우주 비행사

astronaut

actor
배우 (actress 여배우)

actor

fire fighter
소방관

fire fighter

writer
작가

writer

announcer
아나운서

announcer

lawyer
변호사

lawyer

soldier
군인

soldier

famous
유명한

famous

dream
꿈꾸다, 꿈

dream

A 사진과 일치하는 단어에 O표 하세요.

lawyer
singer
model

writer
announcer
president

astronaut
engineer
soldier

famous
fire fighter
dream

B 주어진 사진의 단어를 쓰고 첫 알파벳을 찾아 색칠해 보세요. 어떤 알파벳이 보이나요?

k	q	d	g	u	b	q	n	k
t	e	r	c	f	o	i	h	b
n	i	b	a	w	m	t	l	d
b	o	l	s	v	a	e	r	u
w	h	c	j	z	p	y	g	b
d	u	r	a	i	s	h	c	w
q	l	e	x	n	o	k	t	n
t	c	b	h	g	u	l	q	i
g	o	t	k	q	d	r	e	b

_____

161

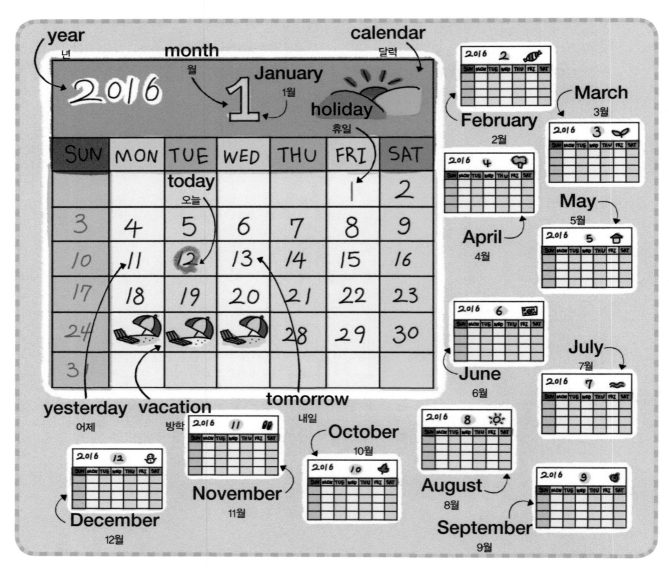

year 년
month 월
calendar 달력
2016
January 1월
holiday 휴일

SUN	MON	TUE	WED	THU	FRI	SAT
		today 오늘			1	2
3	4	5	6	7	8	9
10	11	12	13	14	15	16
17	18	19	20	21	22	23
24				28	29	30
31						

yesterday 어제
vacation 방학
tomorrow 내일

February 2월
March 3월
April 4월
May 5월
June 6월
July 7월
August 8월
September 9월
October 10월
November 11월
December 12월

calendar
달력

calendar

January
1월

January

February
2월

February

March
3월

March

April
4월

April

May
5월

May

June
6월

June

July
7월

July

August
8월

August

September
9월

September

October
10월

October

November
11월

November

December
12월

December

month
달, 월

month

year
년, 해

year

holiday
휴일, 공휴일

holiday

vacation
방학, 휴가

vacation

today
오늘

today

yesterday
어제

yesterday

tomorrow
내일

tomorrow

사진과 일치하는 단어에 O표 하세요.

tomorrow
month
yesterday

July
June
August

holiday
month
year

April
May
March

B 주어진 사진의 단어를 쓰고 첫 알파벳을 찾아 색칠해 보세요. 어떤 알파벳이 보이나요?

_____

o	i	b	g	t	b	n	p	l
e	r	h	l	m	a	q	h	r
u	l	q	y	n	e	g	v	i
e	t	k	j	u	f	d	t	e
b	p	w	a	k	z	s	n	u
v	h	o	z	c	j	w	e	b
n	r	l	k	g	x	i	p	l
g	e	t	o	q	l	r	h	u
q	p	i	b	v	e	o	t	k

_____

_____

_____

_____

_____

_____

_____

_____

초등필수 영단어 쓰기

DAY 01　　P.9

Ⓐ hair : arm : leg : waist

Ⓑ

l	i	p	b	j	g	m	k	a
d	a	q	h	f	n	c	o	d
o	c	j	k	e	g	q	i	p
a	r	b	g	t	k	a	r	l
b	i	m	p	e	b	j	c	q
k	q	d	c	s	l	u	g	b
g	a	v	f	f	n	d	k	o
l	m	i	b	o	g	w	i	m
c	d	p	l	j	c	r	a	c

finger　　shoulder

ear　　toe

neck　　hand

I

face　　foot　　nose　　eye

DAY 02　　P.13

Ⓐ this : I : knock : touch

Ⓑ

n	a	k	q	t	o	m	i	e
v	i	x	l	a	b	u	n	k
e	z	b	y	g	v	j	y	q
t	m	e	f	i	c	l	a	x
k	i	q	d	r	w	z	u	o
u	a	j	h	e	d	n	k	e
l	x	o	p	m	s	y	i	t
y	t	z	k	u	a	q	v	l
b	n	i	e	o	x	j	m	b

garden　　window

cat　　plant

stairs　　roof

A

door　　house　　flower　　dog

DAY 03　　P.17

Ⓐ bathtub : father : soap : towel

Ⓑ

a	k	i	e	o	f	r	g	l
o	j	t	m	a	q	s	k	b
i	p	b	c	h	t	u	i	n
y	f	n	l	d	j	h	o	e
e	j	h	g	t	p	k	a	m
r	m	k	w	f	c	l	q	g
l	x	t	o	i	b	t	j	p
n	i	q	a	r	g	v	h	f
b	h	p	j	m	l	e	n	k

toilet　　daughter

curtain　　telephone

toothbrush　　sofa

X

wash　　television　　toothpaste　　call

DAY 04　　P.21

Ⓐ bag : pillow : computer : bed

Ⓑ

e	f	m	i	t	r	j	v	w
s	w	v	n	e	q	u	h	s
k	u	h	y	b	c	f	w	i
w	q	j	d	w	k	l	m	u
i	v	r	o	m	t	p	k	e
m	k	e	g	f	e	b	j	n
t	s	n	y	a	c	i	r	f
f	r	u	h	z	e	t	w	q
q	j	w	v	k	n	m	s	h

chair　　clock

globe　　album

lamp　　box

O

desk　　picture　　open　　blanket

DAY 05　　P.25

Ⓐ eat : sink : cook : plate

Ⓑ

u	g	q	e	l	f	t	a	b
b	t	n	i	j	w	h	n	u
f	a	h	v	c	d	z	o	g
o	l	y	k	a	j	s	i	q
j	z	e	s	z	g	l	b	x
x	h	v	p	n	f	y	v	e
g	n	q	m	i	u	k	t	w
t	w	b	o	s	r	g	n	h
i	f	l	h	x	e	q	a	j

chopsticks　　mother

stove　　kitchen

knife　　spoon

C

pot　　son　　drink　　refrigerator

DAY 06　　P.29

Ⓐ brother : smile : uncle : sister

Ⓑ

h	o	j	t	h	m	q	k	n
v	l	s	g	p	g	w	i	c
n	e	k	h	f	u	a	z	m
i	q	l	v	d	e	y	h	s
t	m	a	o	g	x	j	t	l
u	h	y	c	p	t	k	n	e
k	j	g	w	r	h	i	o	w
q	o	s	b	k	m	u	a	j
c	n	i	t	e	v	l	q	h

doll　　grandfather

baby　　family

grandmother　　robot

J

glasses　　photo　　grass　　parents

DAY 07 — P.33

A sneakers : clothes : shirt : shoes

B

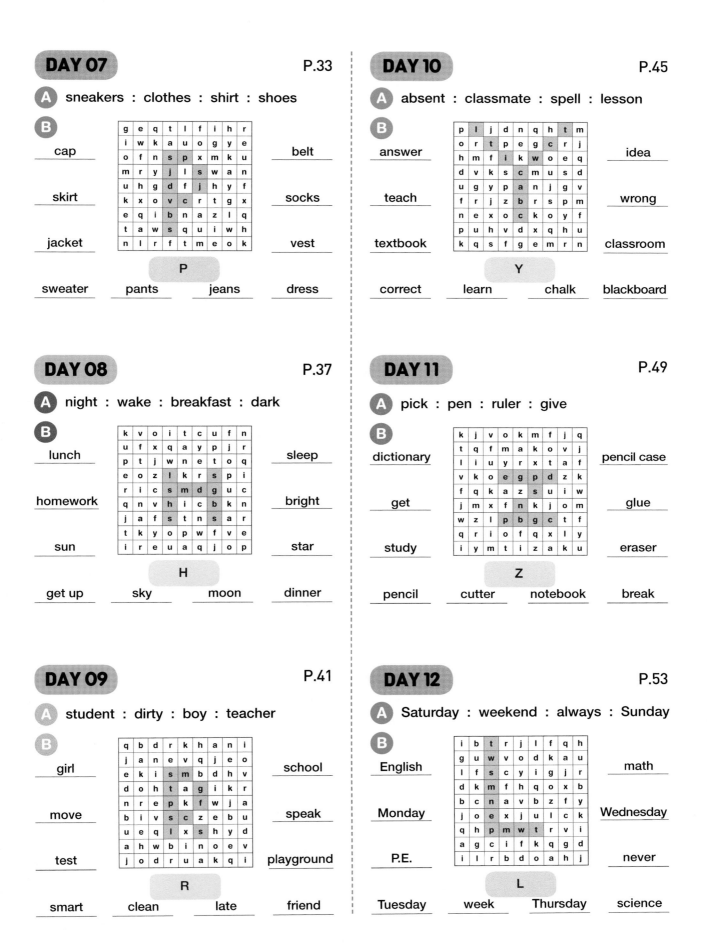

g	e	q	t	l	f	i	h	r
i	w	k	a	u	o	g	y	e
o	f	n	s	p	x	m	k	u
m	r	y	j	l	s	w	a	n
u	h	g	d	f	j	h	y	f
k	x	o	v	c	r	t	g	x
e	q	i	b	n	a	z	l	q
t	a	w	s	q	u	i	w	h
n	l	r	f	t	m	e	o	k

cap   belt   skirt   socks   jacket   vest   **P**   sweater   pants   jeans   dress

DAY 08 — P.37

A night : wake : breakfast : dark

B

k	v	o	i	t	c	u	f	n
u	f	x	q	a	y	p	j	r
p	t	j	w	n	e	t	o	q
e	o	z	l	k	r	s	p	i
r	i	c	s	m	d	g	u	c
q	n	v	h	i	c	b	k	n
j	a	f	s	t	n	s	a	r
t	k	y	o	p	w	f	v	e
i	r	e	u	a	q	j	o	p

lunch   sleep   homework   bright   sun   star   **H**   get up   sky   moon   dinner

DAY 09 — P.41

A student : dirty : boy : teacher

B

q	b	d	r	k	h	a	n	i
j	a	n	e	v	q	j	e	o
e	k	i	s	m	b	d	h	v
d	o	h	t	a	g	i	k	r
n	r	e	p	k	f	w	j	a
b	i	v	s	c	z	e	b	u
u	e	q	l	x	s	h	y	d
a	h	w	b	i	n	o	e	v
j	o	d	r	u	a	k	q	i

girl   school   move   speak   test   playground   **R**   smart   clean   late   friend

DAY 10 — P.45

A absent : classmate : spell : lesson

B

p	l	j	d	n	q	h	t	m
o	r	t	p	e	g	c	r	j
h	m	f	i	k	w	o	e	q
d	v	k	s	c	m	u	s	d
u	g	y	p	a	n	j	g	v
f	r	j	z	b	r	s	p	m
n	e	x	o	c	k	o	y	f
p	u	h	v	d	x	q	h	u
k	q	s	f	g	e	m	r	n

answer   idea   teach   wrong   textbook   classroom   **Y**   correct   learn   chalk   blackboard

DAY 11 — P.49

A pick : pen : ruler : give

B

k	j	v	o	k	m	f	j	q
t	q	f	m	a	k	o	v	j
l	i	u	y	r	x	t	a	f
v	k	o	e	g	p	d	z	k
f	q	k	a	z	s	u	i	w
j	m	x	f	n	k	j	o	m
w	z	l	p	b	g	c	t	f
q	r	i	o	f	q	x	l	y
i	y	m	t	i	z	a	k	u

dictionary   pencil case   get   glue   study   eraser   **Z**   pencil   cutter   notebook   break

DAY 12 — P.53

A Saturday : weekend : always : Sunday

B

i	b	t	r	j	l	f	q	h
g	u	w	v	o	d	k	a	u
l	f	s	c	y	i	g	j	r
d	k	m	f	h	q	o	x	b
b	c	n	a	v	b	z	f	y
j	o	e	x	j	u	l	c	k
q	h	p	m	w	t	r	v	i
a	g	c	i	f	k	q	g	d
i	l	r	b	d	o	a	h	j

English   math   Monday   Wednesday   P.E.   never   **L**   Tuesday   week   Thursday   science

DAY 13
P.57

A drop : example : paint : music

B

crayon _____
paper _____

piano _____
draw _____

scissors _____
listen _____

N

make _____   sing _____   cut _____   dance _____

o	k	n	a	f	u	j	y	h
b	t	g	i	r	e	q	t	o
x	h	m	z	o	c	w	b	f
f	q	p	d	b	l	n	i	a
r	a	s	g	d	p	f	e	u
j	o	c	k	y	s	h	j	r
e	n	u	f	r	t	q	g	k
t	g	h	i	z	a	w	o	x
k	w	b	q	n	x	e	u	i

DAY 14
P.61

A triangle : shape : square : circle

B

black _____
white _____

color _____
blue _____

green _____
line _____

F

yellow _____   pink _____   gray _____   red _____

m	h	k	o	d	f	n	a	k
e	s	a	i	v	m	e	s	h
o	j	n	g	p	l	x	i	u
d	u	f	r	d	j	s	q	m
q	i	x	w	b	y	n	f	d
k	z	e	b	a	m	e	j	x
v	a	i	c	h	z	i	q	o
m	e	o	g	u	s	m	k	a
f	s	h	q	j	d	v	e	n

DAY 15
P.65

A thin : between : slow : ready

B

kick _____
catch _____

fat _____
weak _____

strong _____
fast _____

G

exercise _____   jump _____   run _____   throw _____

l	v	g	a	p	b	h	x	a
q	o	n	l	d	m	i	g	p
a	x	b	z	f	w	q	u	n
b	h	y	r	m	o	y	d	a
i	z	l	e	x	s	c	b	v
u	a	d	t	h	q	j	p	l
g	o	b	v	k	f	g	i	d
p	a	q	m	u	d	x	n	h
n	y	i	b	l	a	o	a	m

DAY 16
P.69

A two : six : thirteen : eight

B

seven _____
twenty _____

fifteen _____
nineteen _____

three _____
four _____

T

five _____   one _____   eleven _____   twelve _____

p	c	h	j	g	l	a	i	g
i	r	k	i	q	b	p	c	m
l	b	m	a	w	d	j	v	h
v	h	y	t	s	f	t	f	q
c	u	d	p	h	o	k	u	a
q	a	r	j	x	e	b	g	l
g	k	z	b	l	t	m	p	c
h	j	d	q	i	n	h	a	r
b	p	c	m	w	f	d	k	i

DAY 17
P.73

A pull : heavy : hide : down

B

kid _____
slide _____

up _____
bench _____

talk _____
light _____

K

swing _____   push _____   find _____   play _____

g	o	h	d	q	c	i	r	e
v	j	x	a	w	n	r	d	j
n	c	u	i	g	s	o	v	a
i	w	p	c	b	x	m	h	y
e	m	f	k	d	a	c	q	n
q	h	l	n	p	y	z	e	i
a	x	s	e	w	t	j	g	o
r	o	g	j	v	h	r	a	w
d	y	m	c	o	q	n	x	m

DAY 18
P.77

A thick : interested : read : top

B

book _____
bottom _____

newspaper _____
library _____

child _____
lend _____

U

bookshelf _____   quiet _____   middle _____   bored _____

o	h	p	u	e	r	s	g	r
e	s	b	a	i	l	f	o	a
j	t	m	f	o	b	w	k	h
r	a	l	g	d	q	g	i	t
h	u	b	k	v	c	y	d	p
f	p	j	n	b	p	r	u	f
s	d	t	w	y	o	e	j	k
i	r	k	h	a	s	z	i	v
o	g	e	u	t	j	p	x	d

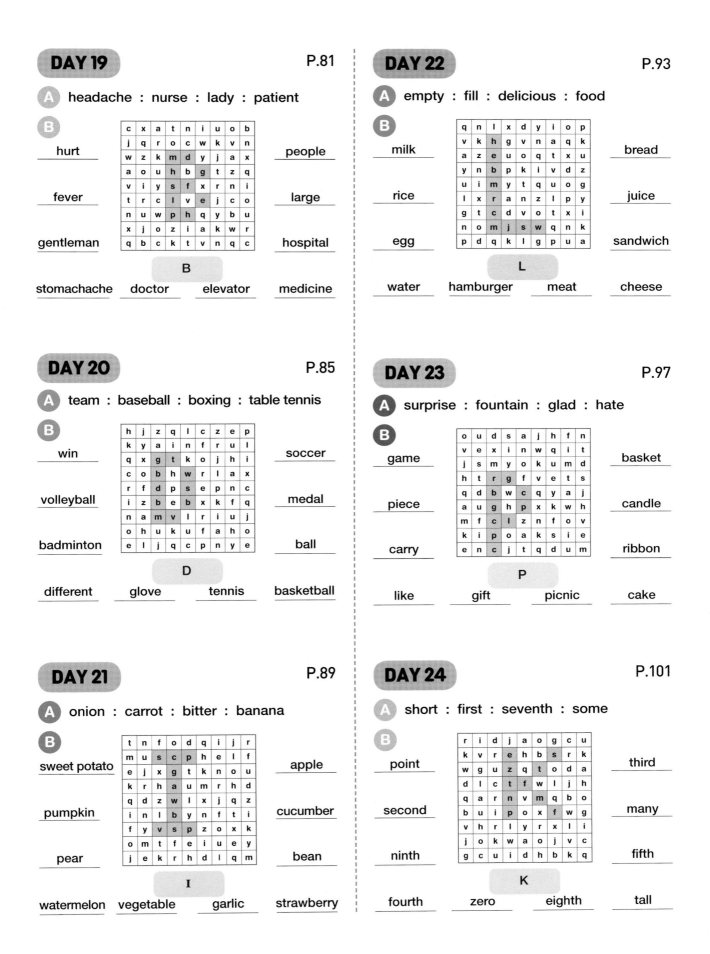

DAY 19 P.81

A headache : nurse : lady : patient

B

c	x	a	t	n	i	u	o	b
j	q	r	o	c	w	k	v	n
w	z	k	m	d	y	j	a	x
a	o	u	h	b	g	t	z	q
v	i	y	s	f	x	r	n	i
t	r	c	l	v	e	j	c	o
n	u	w	p	h	q	y	b	u
x	j	o	z	i	a	k	w	r
q	b	c	k	t	v	n	q	c

hurt — people
fever — large
gentleman — hospital

B

stomachache doctor elevator medicine

DAY 20 P.85

A team : baseball : boxing : table tennis

B

h	j	z	q	l	c	z	e	p
k	y	a	i	n	f	r	u	l
q	x	g	t	k	o	j	h	i
c	o	b	h	w	r	l	a	x
r	f	d	p	s	e	p	n	c
i	z	b	e	b	x	k	f	q
n	a	m	v	l	r	i	u	j
o	h	u	k	u	f	a	h	o
e	l	j	q	c	p	n	y	e

win — soccer
volleyball — medal
badminton — ball

D

different glove tennis basketball

DAY 21 P.89

A onion : carrot : bitter : banana

B

t	n	f	o	d	q	i	j	r
m	u	s	c	p	h	e	l	f
e	j	x	g	t	k	n	o	u
k	r	h	a	u	m	r	h	d
q	d	z	w	l	x	j	q	z
i	n	l	b	y	n	f	t	i
f	y	v	s	p	z	o	x	k
o	m	t	f	e	i	u	e	y
j	e	k	r	h	d	l	q	m

sweet potato — apple
pumpkin — cucumber
pear — bean

I

watermelon vegetable garlic strawberry

DAY 22 P.93

A empty : fill : delicious : food

B

q	n	l	x	d	y	i	o	p
v	k	h	g	v	n	a	q	k
a	z	e	u	o	q	t	x	u
y	n	b	p	k	i	v	d	z
u	i	m	y	t	q	u	o	g
l	x	r	a	n	z	l	p	y
g	t	c	d	v	o	t	x	i
n	o	m	j	s	w	q	n	k
p	d	q	k	l	g	p	u	a

milk — bread
rice — juice
egg — sandwich

L

water hamburger meat cheese

DAY 23 P.97

A surprise : fountain : glad : hate

B

o	u	d	s	a	j	h	f	n
v	e	x	i	n	w	q	i	t
j	s	m	y	o	k	u	m	d
h	t	r	g	f	v	e	t	s
q	d	b	w	c	q	y	a	j
a	u	g	h	p	x	k	w	h
m	f	c	l	z	n	f	o	v
k	i	p	o	a	k	s	i	e
e	n	c	j	t	q	d	u	m

game — basket
piece — candle
carry — ribbon

P

like gift picnic cake

DAY 24 P.101

A short : first : seventh : some

B

r	i	d	j	a	o	g	c	u
k	v	r	e	h	b	s	r	k
w	g	u	z	q	t	o	d	a
d	l	c	t	f	w	l	j	h
q	a	r	n	v	m	q	b	o
b	u	i	p	o	x	f	w	g
v	h	r	l	y	r	x	l	i
j	o	k	w	a	o	j	v	c
g	c	u	i	d	h	b	k	q

point — third
second — many
ninth — fifth

K

fourth zero eighth tall

DAY 25 — P.105

A fresh : spider : blow : forest

B

o	c	k	p	c	m	h	d	e
r	d	q	e	n	f	t	j	p
m	u	h	r	j	l	g	i	f
c	o	d	t	v	a	q	c	n
k	x	n	f	p	b	s	w	k
v	e	z	m	y	s	p	v	c
t	q	j	r	d	w	e	o	r
h	y	c	x	k	l	u	h	d
u	n	o	d	t	f	q	j	m

snake — lake — wolf — ant — leaf — stone

F

wood — grasshopper — bird — insect

DAY 28 — P.117

A hole : animal : goose : hen

B

q	f	w	b	y	a	v	i	q
j	m	r	t	u	l	o	z	e
y	k	c	x	d	e	j	n	k
e	i	g	h	m	v	f	y	b
a	v	p	n	s	o	i	u	m
w	o	r	c	z	j	x	a	x
l	n	q	f	w	n	k	z	l
u	b	k	m	i	e	v	f	w
v	j	x	a	y	l	q	b	o

pig — duck — turtle — rabbit — sheep — rooster

B

goat — chick — horse — cow

DAY 26 — P.109

A meet : happy : crew : world

B

o	k	j	f	q	b	c	d	l
f	b	c	h	p	s	e	o	g
r	i	t	l	s	u	j	t	f
b	n	g	v	a	r	k	c	v
l	k	e	b	h	n	q	x	i
q	c	u	i	p	g	t	c	b
d	o	w	v	w	j	l	n	u
j	f	r	p	c	o	i	e	d
g	t	b	e	n	d	r	k	q

welcome — passport — hear — wait — pilot — suitcase

J

hurry — sad — passenger — airplane

DAY 29 — P.121

A freezing : spring : season : summer

B

o	f	j	p	c	h	g	n	f
c	k	y	r	q	e	k	d	t
n	v	m	z	l	x	w	p	j
e	h	t	o	y	b	t	c	m
j	q	f	k	v	s	z	h	g
x	c	p	n	u	c	b	o	q
v	o	c	i	m	x	f	a	v
g	h	n	t	e	g	p	j	e
q	y	e	z	h	c	k	h	n

lightning — rainy — umbrella — butterfly — dragonfly — autumn

X

ice — storm — bee — winter

DAY 27 — P.113

A board : sand : island : beach

B

e	n	i	j	d	p	a	l	g
p	m	o	c	w	b	v	k	f
i	u	a	v	g	s	t	r	b
w	c	l	k	n	h	w	d	s
q	j	u	e	z	f	o	j	t
a	x	n	m	i	y	e	n	q
v	k	g	z	p	k	u	l	c
d	o	j	c	q	w	m	g	x
u	e	y	l	d	a	p	v	i

trash — toy — sea — rest — hat — fish

H

swim — bottle — fight — boat

DAY 30 — P.125

A straight : come : traffic : go

B

h	p	a	n	y	f	w	i	u
v	i	q	g	d	s	e	o	k
f	o	j	c	z	p	r	v	a
n	e	w	r	k	h	t	j	g
g	u	i	b	f	q	c	k	p
x	p	y	o	m	l	x	n	e
a	j	n	z	g	x	h	w	y
v	q	x	i	u	v	e	o	f
k	h	f	w	a	j	q	k	u

left — road — cross — bus — drive — motorcycle

O

car — right — subway — traffic light

DAY 31 P.129

A city : police station : walk : station

B

k	j	t	e	a	d	b	q	h
d	o	h	x	i	v	h	k	t
e	m	s	u	o	w	j	y	n
b	r	n	p	z	l	t	d	b
l	p	i	f	q	h	o	v	i
e	c	g	w	k	u	n	e	a
a	m	t	s	y	j	x	l	k
j	h	q	d	v	i	b	q	u
h	n	e	l	a	t	o	w	h

R

fire station | street
restaurant | museum
park | pool

church | sign | market | gym

DAY 34 P.141

A buy : young : item : sell

B

j	l	a	v	a	q	p	k	f
q	i	s	t	h	j	b	n	w
b	p	h	r	w	o	a	r	l
u	k	c	g	n	s	u	g	a
a	v	m	j	z	v	f	b	p
n	f	e	x	i	d	y	n	q
k	r	j	o	c	w	k	z	i
g	a	l	u	p	s	r	a	v
s	i	q	b	f	g	a	u	l

C

clerk | old
exchange | hundred
help | choose

money | only | department store | thousand

DAY 32 P.133

A man : bear : woman : dangerous

B

j	q	x	h	u	b	w	o	k
r	y	f	v	r	s	r	x	v
h	n	w	b	j	o	b	i	h
v	k	i	s	b	q	n	u	r
u	q	y	l	c	x	k	y	b
b	w	j	a	v	e	s	o	j
f	n	s	d	k	t	u	f	w
i	u	r	g	f	z	q	n	b
o	b	h	p	m	s	b	r	i

D

tiger | giraffe
zebra | elephant
penguin | camera

dolphin | monkey | alligator | lion

DAY 35 P.145

A stem : rock : seed : river

B

q	y	h	u	a	z	v	g	o
z	i	x	c	p	a	l	i	x
g	o	v	b	z	k	r	u	n
k	z	j	f	h	w	s	j	k
u	a	y	t	q	n	d	p	a
h	w	p	x	e	m	z	h	g
a	i	n	o	z	j	v	a	w
q	v	y	k	u	g	y	n	z
p	z	a	j	a	w	i	o	q

U

earth | deer
beetle | shout
mountain | tree

land | foggy | rainbow | climb

DAY 33 P.137

A great : have : visit : work

B

l	q	e	r	d	u	i	v	m
e	h	n	k	f	o	l	e	g
d	m	a	j	g	a	q	u	f
j	i	s	b	x	s	r	h	i
g	u	c	n	c	t	k	g	d
q	e	p	k	v	a	y	n	w
f	k	w	o	i	q	m	e	j
h	n	g	r	e	u	e	v	l
o	l	j	d	m	f	h	o	r

N

balloon | cry
scare | angry
cover | see

poster | amusement park | ticket | afraid

DAY 36 P.149

A please : movie theater : letter : together

B

j	f	q	i	c	p	c	g	m
k	p	s	w	b	l	d	k	o
n	d	c	o	t	v	j	q	e
g	m	x	r	e	f	n	c	u
c	u	h	a	s	w	x	i	g
o	i	y	g	p	z	c	v	j
e	x	f	m	y	e	q	n	d
q	k	c	v	j	u	k	m	z
c	d	u	n	i	o	y	f	p

Z

tired | healthy
write | watch
laugh | bike

seat | ride | address | stamp

DAY 37

A west : fly : prince : south

B

frog

o	u	h	x	s	a	y	k	u
z	f	t	k	d	r	h	w	j
s	h	g	y	j	x	b	o	z
a	o	i	e	u	p	t	h	d
l	r	h	l	m	i	x	t	l
u	d	j	t	c	y	o	a	r
i	t	s	o	n	l	y	j	z
x	h	a	z	f	t	o	h	k
o	y	k	r	d	x	i	s	u

map

east

princess

bridge

gold

Y

castle   wish   flag   north

DAY 38

P.157

A brave : fire : place : past

B

future

j	e	r	d	g	a	j	h	o
n	u	w	l	w	t	f	m	g
h	q	v	a	c	i	x	e	q
r	y	i	u	b	z	n	r	a
v	d	z	n	w	m	h	d	v
m	u	e	j	s	y	a	u	o
a	q	y	o	k	n	z	m	i
x	g	a	u	h	x	e	y	q
j	y	r	d	v	i	a	g	d

when

who

where

look

stick

T

can   burn   time   key

DAY 39

P.161

A model : announcer : engineer : famous

B

fire fighter

k	q	d	g	u	b	q	n	k
t	e	r	c	f	o	i	h	b
n	i	b	a	w	m	t	l	d
b	o	l	s	v	a	e	r	u
w	h	c	j	z	p	y	g	b
d	u	r	a	i	s	h	c	w
q	l	e	x	n	o	k	t	n
t	c	b	h	g	u	l	q	i
g	o	t	k	q	d	r	e	b

musician

artist

police officer

scientist

job

A

astronaut   soldier   actor   vet

DAY 40

P.165

A tomorrow : June : holiday : March

B

December

o	i	b	g	t	b	n	p	l
e	r	h	l	m	a	q	h	r
u	l	q	y	n	e	g	v	i
e	t	k	j	u	f	d	t	e
b	p	w	a	k	z	s	n	u
v	h	o	z	c	j	w	e	b
n	r	l	k	g	x	i	p	l
g	e	t	o	q	l	r	h	u
q	p	i	b	v	e	o	t	k

September

April

August

January

May

G

calendar   February   yesterday   July